TRANZLATY

La Langue est pour tout le Monde

El idioma es para todos

L'appel de la forêt

El llamado de lo salvaje

Jack London

Français / Español

Copyright © 2025 Tranzlaty
All rights reserved
Published by Tranzlaty
ISBN: 978-1-80572-850-4
Original text by Jack London
The Call of the Wild
First published in 1903
www.tranzlaty.com

Dans le primitif
Hacia lo primitivo

Buck ne lisait pas les journaux
Buck no leía los periódicos.
S'il avait lu les journaux, il aurait su que des problèmes se préparaient.
Si hubiera leído los periódicos habría sabido que se avecinaban problemas.
Il y avait des problèmes non seulement pour lui-même, mais pour tous les chiens de la marée.
Hubo problemas, no sólo para él sino para todos los perros de la marea.
Tout chien musclé et aux poils longs et chauds allait avoir des ennuis.
Todo perro con músculos fuertes y pelo largo y cálido iba a estar en problemas.
De Puget Bay à San Diego, aucun chien ne pouvait échapper à ce qui allait arriver.
Desde Puget Bay hasta San Diego ningún perro podía escapar de lo que se avecinaba.
Des hommes, tâtonnant dans l'obscurité de l'Arctique, avaient trouvé un métal jaune.
Los hombres, a tientas en la oscuridad del Ártico, encontraron un metal amarillo.
Les compagnies de navigation et de transport étaient à la recherche de cette découverte.
Las compañías navieras y de transporte iban en busca del descubrimiento.
Des milliers d'hommes se précipitaient vers le Nord.
Miles de hombres se precipitaron hacia el norte.
Ces hommes voulaient des chiens, et les chiens qu'ils voulaient étaient des chiens lourds.
Estos hombres querían perros, y los perros que querían eran perros pesados.
Chiens dotés de muscles puissants pour travailler.
Perros con músculos fuertes para trabajar.

Chiens avec des manteaux de fourrure pour les protéger du gel.
Perros con abrigos peludos para protegerlos de las heladas.

Buck vivait dans une grande maison dans la vallée ensoleillée de Santa Clara.
Buck vivía en una casa grande en el soleado valle de Santa Clara.
La maison du juge Miller s'appelait ainsi.
El lugar del juez Miller, se llamaba su casa.
Sa maison se trouvait en retrait de la route, à moitié cachée parmi les arbres.
Su casa estaba apartada de la carretera, medio oculta entre los árboles.
On pouvait apercevoir la large véranda qui courait autour de la maison.
Se podían ver destellos de la amplia terraza que rodeaba la casa.
On accédait à la maison par des allées gravillonnées.
Se accedía a la casa mediante caminos de grava.
Les sentiers serpentaient à travers de vastes pelouses.
Los caminos serpenteaban a través de amplios prados.
Au-dessus de nos têtes se trouvaient les branches entrelacées de grands peupliers.
Allá arriba se veían las ramas entrelazadas de altos álamos.
À l'arrière de la maison, les choses étaient encore plus spacieuses.
En la parte trasera de la casa las cosas eran aún más espaciosas.
Il y avait de grandes écuries, où une douzaine de palefreniers discutaient
Había grandes establos, donde una docena de mozos de cuadra charlaban.
Il y avait des rangées de maisons de serviteurs recouvertes de vigne
Había hileras de casas de servicio cubiertas de enredaderas.

Et il y avait une gamme infinie et ordonnée de toilettes extérieures
Y había una interminable y ordenada serie de letrinas.
Longues tonnelles de vigne, pâturages verts, vergers et parcelles de baies.
Largos parrales, verdes pastos, huertos y campos de bayas.
Ensuite, il y avait l'usine de pompage du puits artésien.
Luego estaba la planta de bombeo del pozo artesiano.
Et il y avait le grand réservoir en ciment rempli d'eau.
Y allí estaba el gran tanque de cemento lleno de agua.
C'est ici que les garçons du juge Miller ont fait leur plongeon matinal.
Aquí los muchachos del juez Miller dieron su chapuzón matutino.
Et ils se sont rafraîchis là-bas aussi dans l'après-midi chaud.
Y allí también se refrescaron en la calurosa tarde.
Et sur ce grand domaine, Buck était celui qui régnait sur tout.
Y sobre este gran dominio, Buck era quien lo gobernaba todo.
Buck est né sur cette terre et y a vécu toutes ses quatre années.
Buck nació en esta tierra y vivió aquí todos sus cuatro años.
Il y avait bien d'autres chiens, mais ils n'avaient pas vraiment d'importance.
Efectivamente había otros perros, pero realmente no importaban.
D'autres chiens étaient attendus dans un endroit aussi vaste que celui-ci.
En un lugar tan vasto como éste se esperaban otros perros.
Ces chiens allaient et venaient, ou vivaient à l'intérieur des chenils très fréquentés.
Estos perros iban y venían, o vivían dentro de las concurridas perreras.
Certains chiens vivaient cachés dans la maison, comme Toots et Ysabel.
Algunos perros vivían escondidos en la casa, como Toots e Ysabel.

Toots était un carlin japonais, Ysabel un chien nu mexicain.
Toots era un pug japonés, Ysabel una perra mexicana sin pelo.
Ces étranges créatures sortaient rarement de la maison.
Estas extrañas criaturas rara vez salían de la casa.
Ils n'ont pas touché le sol, ni respiré l'air libre à l'extérieur.
No tocaron el suelo ni olieron el aire libre del exterior.
Il y avait aussi les fox-terriers, au moins une vingtaine.
También estaban los fox terriers, al menos veinte en número.
Ces terriers aboyaient férocement sur Toots et Ysabel à l'intérieur.
Estos terriers le ladraron ferozmente a Toots y a Ysabel dentro de la casa.
Toots et Ysabel sont restés derrière les fenêtres, à l'abri du danger.
Toots e Ysabel se quedaron detrás de las ventanas, a salvo de todo daño.
Ils étaient gardés par des domestiques munies de balais et de serpillères.
Estaban custodiados por criadas con escobas y trapeadores.
Mais Buck n'était pas un chien de maison, et il n'était pas non plus un chien de chenil.
Pero Buck no era un perro de casa ni tampoco de perrera.
L'ensemble de la propriété appartenait à Buck comme son royaume légitime.
Toda la propiedad pertenecía a Buck como su legítimo reino.
Buck nageait dans le réservoir ou partait à la chasse avec les fils du juge.
Buck nadaba en el tanque o salía a cazar con los hijos del juez.
Il marchait avec Mollie et Alice tôt ou tard le soir.
Caminaba con Mollie y Alice temprano o tarde.
Lors des nuits froides, il s'allongeait devant le feu de la bibliothèque avec le juge.
En las noches frías yacía junto al fuego de la biblioteca con el juez.
Buck a promené les petits-fils du juge sur son dos robuste.
Buck llevaba a los nietos del juez en su fuerte espalda.
Il roula dans l'herbe avec les garçons, les surveillant de près.

Se revolcó en el césped con los niños, vigilándolos de cerca.
Ils s'aventurèrent jusqu'à la fontaine et même au-delà des champs de baies.
Se aventuraron hasta la fuente e incluso pasaron por los campos de bayas.
Parmi les fox terriers, Buck marchait toujours avec une fierté royale.
Entre los fox terriers, Buck caminaba siempre con orgullo real.
Il ignora Toots et Ysabel, les traitant comme s'ils étaient de l'air.
Él ignoró a Toots y Ysabel, tratándolos como si fueran aire.
Buck régnait sur toutes les créatures vivantes sur les terres du juge Miller.
Buck reinaba sobre todas las criaturas vivientes en la tierra del juez Miller.
Il régnait sur les animaux, les insectes, les oiseaux et même les humains.
Él gobernaba a los animales, a los insectos, a los pájaros e incluso a los humanos.
Le père de Buck, Elmo, était un énorme et fidèle Saint-Bernard.
El padre de Buck, Elmo, había sido un San Bernardo enorme y leal.
Elmo n'a jamais quitté le juge et l'a servi fidèlement.
Elmo nunca se apartó del lado del juez y le sirvió fielmente.
Buck semblait prêt à suivre le noble exemple de son père.
Buck parecía dispuesto a seguir el noble ejemplo de su padre.
Buck n'était pas aussi gros, pesant cent quarante livres.
Buck no era tan grande: pesaba ciento cuarenta libras.
Sa mère, Shep, était un excellent chien de berger écossais.
Su madre, Shep, había sido una excelente perra pastor escocesa.
Mais même avec ce poids, Buck marchait avec une présence royale.
Pero incluso con ese peso, Buck caminaba con presencia majestuosa.

Cela venait de la bonne nourriture et du respect qu'il recevait toujours.
Esto fue gracias a la buena comida y al respeto que siempre recibió.
Pendant quatre ans, Buck a vécu comme un noble gâté.
Durante cuatro años, Buck había vivido como un noble mimado.
Il était fier de lui, et même légèrement égoïste.
Estaba orgulloso de sí mismo y hasta era un poco egoísta.
Ce genre de fierté était courant chez les seigneurs des régions reculées.
Ese tipo de orgullo era común entre los señores de países remotos.
Mais Buck s'est sauvé de devenir un chien de maison choyé.
Pero Buck se salvó de convertirse en un perro doméstico mimado.
Il est resté mince et fort grâce à la chasse et à l'exercice.
Se mantuvo delgado y fuerte gracias a la caza y el ejercicio.
Il aimait profondément l'eau, comme les gens qui se baignent dans les lacs froids.
Amaba profundamente el agua, como la gente que se baña en lagos fríos.
Cet amour pour l'eau a gardé Buck fort et en très bonne santé.
Este amor por el agua mantuvo a Buck fuerte y muy saludable.
C'était le chien que Buck était devenu à l'automne 1897.
Éste era el perro en que se había convertido Buck en el otoño de 1897.
Lorsque la découverte du Klondike a attiré des hommes vers le Nord gelé.
Cuando la huelga de Klondike arrastró a los hombres hacia el gélido Norte.
Des gens du monde entier se sont précipités vers ce pays froid.
La gente acudió en masa desde todos los rincones del mundo hacia aquella tierra fría.

Buck, cependant, ne lisait pas les journaux et ne comprenait pas les nouvelles.
Buck, sin embargo, no leía los periódicos ni entendía las noticias.
Il ne savait pas que Manuel était un homme désagréable à fréquenter.
Él no sabía que Manuel era un mal hombre con quien estar.
Manuel, qui aidait au jardin, avait un problème grave.
Manuel, que ayudaba en el jardín, tenía un problema profundo.
Manuel était accro aux jeux de loterie chinois.
Manuel era adicto al juego de la lotería china.
Il croyait également fermement en un système fixe pour gagner.
También creía firmemente en un sistema fijo para ganar.
Cette croyance rendait son échec certain et inévitable.
Esa creencia hizo que su fracaso fuera seguro e inevitable.
Jouer un système exige de l'argent, ce qui manquait à Manuel.
Jugar con un sistema exige dinero, del que Manuel carecía.
Son salaire suffisait à peine à subvenir aux besoins de sa femme et de ses nombreux enfants.
Su salario apenas alcanzaba para mantener a su esposa y a sus numerosos hijos.
La nuit où Manuel a trahi Buck, les choses étaient normales.
La noche en que Manuel traicionó a Buck, las cosas estaban normales.
Le juge était présent à une réunion de l'Association des producteurs de raisins secs.
El juez estaba en una reunión de la Asociación de Productores de Pasas.
Les fils du juge étaient alors occupés à former un club d'athlétisme.
Los hijos del juez estaban entonces ocupados formando un club atlético.
Personne n'a vu Manuel et Buck sortir par le verger.
Nadie vio a Manuel y Buck salir por el huerto.

Buck pensait que cette promenade n'était qu'une simple promenade nocturne.
Buck pensó que esta caminata era simplemente un simple paseo nocturno.

Ils n'ont rencontré qu'un seul homme à la station du drapeau, à College Park.
Se encontraron con un solo hombre en la estación de la bandera, en College Park.

Cet homme a parlé à Manuel et ils ont échangé de l'argent.
Ese hombre habló con Manuel y intercambiaron dinero.

« Emballez les marchandises avant de les livrer », a-t-il suggéré.
"Envuelva la mercancía antes de entregarla", sugirió.

La voix de l'homme était rauque et impatiente lorsqu'il parlait.
La voz del hombre era áspera e impaciente mientras hablaba.

Manuel a soigneusement attaché une corde épaisse autour du cou de Buck.
Manuel ató cuidadosamente una cuerda gruesa alrededor del cuello de Buck.

« Tournez la corde et vous l'étoufferez abondamment »
"Si retuerces la cuerda, lo estrangularás bastante"

L'étranger émit un grognement, montrant qu'il comprenait bien.
El extraño emitió un gruñido, demostrando que entendía bien.

Buck a accepté la corde avec calme et dignité tranquille ce jour-là.
Buck aceptó la cuerda con calma y tranquila dignidad ese día.

C'était un acte inhabituel, mais Buck faisait confiance aux hommes qu'il connaissait.
Fue un acto inusual, pero Buck confiaba en los hombres que conocía.

Il croyait que leur sagesse allait bien au-delà de sa propre pensée.
Él creía que su sabiduría iba mucho más allá de su propio pensamiento.

Mais ensuite la corde fut remise entre les mains de l'étranger.
Pero entonces la cuerda fue entregada a manos del extraño.
Buck émit un grognement sourd qui avertissait avec une menace silencieuse.
Buck emitió un gruñido bajo que advertía con una amenaza silenciosa.
Il était fier et autoritaire, et voulait montrer son mécontentement.
Era orgulloso y autoritario y quería mostrar su descontento.
Buck pensait que son avertissement serait compris comme un ordre.
Buck creyó que su advertencia sería entendida como una orden.
À sa grande surprise, la corde se resserra rapidement autour de son cou épais.
Para su sorpresa, la cuerda se tensó rápidamente alrededor de su grueso cuello.
Son air fut coupé et il commença à se battre dans une rage soudaine.
Se quedó sin aire y comenzó a luchar con una furia repentina.
Il s'est jeté sur l'homme, qui a rapidement rencontré Buck en plein vol.
Saltó hacia el hombre, quien rápidamente se encontró con Buck en el aire.
L'homme attrapa Buck par la gorge et le fit habilement tourner dans les airs.
El hombre agarró la garganta de Buck y lo retorció hábilmente en el aire.
Buck a été violemment projeté au sol, atterrissant à plat sur le dos.
Buck fue arrojado al suelo con fuerza, cayendo de espaldas.
La corde l'étranglait alors cruellement tandis qu'il donnait des coups de pied sauvages.
La cuerda ahora lo estrangulaba cruelmente mientras él pateaba salvajemente.

Sa langue tomba, sa poitrine se souleva, mais il ne reprit pas son souffle.
Se le cayó la lengua, su pecho se agitó, pero no recuperó el aliento.
Il n'avait jamais été traité avec une telle violence de sa vie.
Nunca había sido tratado con tanta violencia en su vida.
Il n'avait jamais été rempli d'une fureur aussi profonde auparavant.
Tampoco nunca antes se había sentido tan lleno de furia.
Mais le pouvoir de Buck s'est estompé et ses yeux sont devenus vitreux.
Pero el poder de Buck se desvaneció y sus ojos se volvieron vidriosos.
Il s'est évanoui juste au moment où un train s'arrêtait à proximité.
Se desmayó justo cuando un tren se detuvo cerca.
Les deux hommes le jetèrent alors rapidement dans le fourgon à bagages.
Luego los dos hombres lo arrojaron rápidamente al vagón de equipaje.
La chose suivante que Buck ressentit fut une douleur dans sa langue enflée.
Lo siguiente que sintió Buck fue dolor en su lengua hinchada.
Il se déplaçait dans un chariot tremblant, à peine conscient.
Se desplazaba en un carro tambaleante, apenas consciente.
Le cri aigu d'un sifflet de train indiqua à Buck où il se trouvait.
El agudo grito del silbato del tren le indicó a Buck su ubicación.
Il avait souvent roulé avec le juge et connaissait ce sentiment.
Había viajado muchas veces con el Juez y conocía esa sensación.
C'était le choc unique de voyager à nouveau dans un fourgon à bagages.
Fue una experiencia única viajar nuevamente en un vagón de equipajes.

Buck ouvrit les yeux et son regard brûla de rage.
Buck abrió los ojos y su mirada ardía de rabia.
C'était la colère d'un roi fier déchu de son trône.
Esta fue la ira de un rey orgulloso destronado.
Un homme a tenté de l'attraper, mais Buck a frappé en premier.
Un hombre intentó agarrarlo, pero Buck lo atacó primero.
Il enfonça ses dents dans la main de l'homme et la serra fermement.
Hundió los dientes en la mano del hombre y la sujetó con fuerza.
Il ne l'a pas lâché jusqu'à ce qu'il s'évanouisse une deuxième fois.
No lo soltó hasta que se desmayó por segunda vez.
« Ouais, il a des crises », murmura l'homme au bagagiste.
—Sí, tiene ataques —murmuró el hombre al maletero.
Le bagagiste avait entendu la lutte et s'était approché.
El maletero había oído la lucha y se acercó.
« Je l'emmène à Frisco pour le patron », a expliqué l'homme.
"Lo llevaré a Frisco para el jefe", explicó el hombre.
« Il y a un excellent vétérinaire qui dit pouvoir les guérir. »
"Allí hay un buen veterinario que dice poder curarlos".
Plus tard dans la soirée, l'homme a donné son propre récit complet.
Más tarde esa noche, el hombre dio su propio relato completo.
Il parlait depuis un hangar derrière un saloon sur les quais.
Habló desde un cobertizo detrás de un salón en los muelles.
« Tout ce qu'on m'a donné, c'était cinquante dollars », se plaignit-il au vendeur du saloon.
"Lo único que me dieron fueron cincuenta dólares", se quejó al tabernero.
« Je ne le referais pas, même pour mille dollars en espèces. »
"No lo volvería a hacer ni por mil dólares en efectivo".
Sa main droite était étroitement enveloppée dans un tissu ensanglanté.
Su mano derecha estaba fuertemente envuelta en un paño ensangrentado.

Son pantalon était déchiré du genou au pied.
La pernera de su pantalón estaba abierta de par en par desde la rodilla hasta el pie.
« Combien a été payé l'autre idiot ? » demanda le vendeur du saloon.
—¿Cuánto le pagaron al otro tipo? —preguntó el tabernero.
« Cent », répondit l'homme, « il n'accepterait pas un centime de moins. »
"Cien", respondió el hombre, "no aceptaría ni un centavo menos".
« Cela fait cent cinquante », dit le vendeur du saloon.
—Eso suma ciento cincuenta —dijo el tabernero.
« Et il vaut tout ça, sinon je ne suis pas meilleur qu'un imbécile. »
"Y él lo vale todo, o no soy más que un idiota".
L'homme ouvrit les emballages pour examiner sa main.
El hombre abrió los envoltorios para examinar su mano.
La main était gravement déchirée et couverte de sang séché.
La mano estaba gravemente desgarrada y cubierta de sangre seca.
« Si je n'ai pas l' hydrophobie… » commença-t-il à dire.
"Si no consigo la hidrofobia…" empezó a decir.
« Ce sera parce que tu es né pour être pendu », dit-il en riant.
"Será porque naciste para la horca", dijo entre risas.
« Viens m'aider avant de partir », lui a-t-on demandé.
"Ven a ayudarme antes de irte", le pidieron.
Buck était dans un état second à cause de la douleur dans sa langue et sa gorge.
Buck estaba aturdido por el dolor en la lengua y la garganta.
Il était à moitié étranglé et pouvait à peine se tenir debout.
Estaba medio estrangulado y apenas podía mantenerse en pie.
Pourtant, Buck essayait de faire face aux hommes qui l'avaient blessé ainsi.
Aún así, Buck intentó enfrentar a los hombres que lo habían lastimado.
Mais ils le jetèrent à terre et l'étranglèrent une fois de plus.
Pero lo derribaron y lo estrangularon una vez más.

Ce n'est qu'à ce moment-là qu'ils ont pu scier son lourd collier de laiton.
Sólo entonces pudieron quitarle el pesado collar de bronce.
Ils ont retiré la corde et l'ont poussé dans une caisse.
Le quitaron la cuerda y lo metieron en una caja.
La caisse était petite et avait la forme d'une cage en fer brut.
La caja era pequeña y tenía la forma de una tosca jaula de hierro.
Buck resta allongé là toute la nuit, rempli de colère et d'orgueil blessé.
Buck permaneció allí toda la noche, lleno de ira y orgullo herido.
Il ne pouvait pas commencer à comprendre ce qui lui arrivait.
No podía ni siquiera empezar a comprender lo que le estaba pasando.
Pourquoi ces hommes étranges le gardaient-ils dans cette petite caisse ?
¿Por qué estos hombres extraños lo mantenían en esa pequeña caja?
Que voulaient-ils de lui et pourquoi cette cruelle captivité ?
¿Qué querían de él y por qué este cruel cautiverio?
Il ressentait une pression sombre, un sentiment de catastrophe qui se rapprochait.
Sintió una presión oscura; una sensación de desastre que se acercaba.
C'était une peur vague, mais elle pesait lourdement sur son esprit.
Era un miedo vago, pero que se apoderó pesadamente de su espíritu.
Il a sursauté à plusieurs reprises lorsque la porte du hangar a claqué.
Saltó varias veces cuando la puerta del cobertizo vibró.
Il s'attendait à ce que le juge ou les garçons apparaissent et le sauvent.
Esperaba que el juez o los muchachos aparecieran y lo rescataran.

Mais à chaque fois, seul le gros visage du tenancier de bar apparaissait à l'intérieur.
Pero cada vez sólo se asomaba el rostro gordo del tabernero.
Le visage de l'homme était éclairé par la faible lueur d'une bougie de suif.
El rostro del hombre estaba iluminado por el tenue resplandor de una vela de sebo.
À chaque fois, l'aboiement joyeux de Buck se transformait en un grognement bas et colérique.
Cada vez, el alegre ladrido de Buck cambiaba a un gruñido bajo y enojado.

Le tenancier du saloon l'a laissé seul pour la nuit dans la caisse
El tabernero lo dejó solo durante la noche en el cajón.
Mais quand il se réveilla le matin, d'autres hommes arrivèrent.
Pero cuando se despertó por la mañana, venían más hombres.
Quatre hommes sont venus et ont ramassé la caisse avec précaution, sans un mot.
Llegaron cuatro hombres y recogieron la caja con cuidado y sin decir palabra.
Buck comprit immédiatement dans quelle situation il se trouvait.
Buck supo de inmediato en qué situación se encontraba.
Ils étaient d'autres bourreaux qu'il devait combattre et craindre.
Eran otros torturadores contra los que tenía que luchar y a los que tenía que temer.
Ces hommes avaient l'air méchants, en haillons et très mal soignés.
Estos hombres parecían malvados, andrajosos y muy mal arreglados.
Buck grogna et se jeta férocement sur eux à travers les barreaux.
Buck gruñó y se abalanzó sobre ellos ferozmente a través de los barrotes.

Ils se sont contentés de rire et de le frapper avec de longs bâtons en bois.
Ellos simplemente se rieron y lo golpearon con largos palos de madera.
Buck a mordu les bâtons, puis s'est rendu compte que c'était ce qu'ils aimaient.
Buck mordió los palos y luego se dio cuenta de que eso era lo que les gustaba.
Il s'allongea donc tranquillement, maussade et brûlant d'une rage silencieuse.
Así que se quedó acostado en silencio, hosco y ardiendo de rabia silenciosa.
Ils ont soulevé la caisse dans un chariot et sont partis avec lui.
Subieron la caja a un carro y se fueron con él.
La caisse, avec Buck enfermé à l'intérieur, changeait souvent de mains.
La caja, con Buck encerrado dentro, cambiaba de manos a menudo.
Les employés du bureau express ont pris les choses en main et l'ont traité brièvement.
Los empleados de la oficina exprés se hicieron cargo de él y lo atendieron brevemente.
Puis un autre chariot transporta Buck à travers la ville bruyante.
Luego, otro carro transportó a Buck a través de la ruidosa ciudad.
Un camion l'a emmené avec des cartons et des colis sur un ferry.
Un camión lo llevó con cajas y paquetes a un ferry.
Après la traversée, le camion l'a déchargé dans un dépôt ferroviaire.
Después de cruzar, el camión lo descargó en una estación ferroviaria.
Finalement, Buck fut placé dans une voiture express en attente.

Finalmente, colocaron a Buck dentro de un vagón expreso que lo esperaba.
Pendant deux jours et deux nuits, les trains ont emporté la voiture express.
Durante dos días y dos noches, los trenes arrastraron el vagón expreso.
Buck n'a ni mangé ni bu pendant tout le douloureux voyage.
Buck no comió ni bebió durante todo el doloroso viaje.
Lorsque les messagers express ont essayé de l'approcher, il a grogné.
Cuando los mensajeros expresos intentaron acercarse a él, gruñó.
Ils ont réagi en se moquant de lui et en le taquinant cruellement.
Ellos respondieron burlándose de él y molestándolo cruelmente.
Buck se jeta sur les barreaux, écumant et tremblant
Buck se arrojó contra los barrotes, echando espuma y temblando.
ils ont ri bruyamment et l'ont raillé comme des brutes de cour d'école.
Se rieron a carcajadas y se burlaron de él como matones del patio de la escuela.
Ils aboyaient comme de faux chiens et battaient des bras.
Ladraban como perros de caza y agitaban los brazos.
Ils ont même chanté comme des coqs juste pour le contrarier davantage.
Incluso cantaron como gallos sólo para molestarlo más.
C'était un comportement stupide, et Buck savait que c'était ridicule.
Fue un comportamiento tonto y Buck sabía que era ridículo.
Mais cela n'a fait qu'approfondir son sentiment d'indignation et de honte.
Pero eso sólo profundizó su sentimiento de indignación y vergüenza.
Il n'a pas été trop dérangé par la faim pendant le voyage.
Durante el viaje no le molestó mucho el hambre.

Mais la soif provoquait une douleur aiguë et une souffrance insupportable.
Pero la sed traía consigo un dolor agudo y un sufrimiento insoportable.
Sa gorge sèche et enflammée et sa langue brûlaient de chaleur.
Su garganta y lengua secas e inflamadas ardían de calor.
Cette douleur alimentait la fièvre qui montait dans son corps fier.
Este dolor alimentó la fiebre que crecía dentro de su orgulloso cuerpo.
Buck était reconnaissant pour une seule chose au cours de ce procès.
Buck estuvo agradecido por una sola cosa durante esta prueba.
La corde avait été retirée de son cou épais.
Le habían quitado la cuerda que le rodeaba el grueso cuello.
La corde avait donné à ces hommes un avantage injuste et cruel.
La cuerda había dado a esos hombres una ventaja injusta y cruel.
Maintenant, la corde avait disparu et Buck jura qu'elle ne reviendrait jamais.
Ahora la cuerda había desaparecido y Buck juró que nunca volvería.
Il a décidé qu'aucune corde ne passerait plus jamais autour de son cou.
Decidió que nunca más volvería a pasarle una cuerda al cuello.
Pendant deux longs jours et deux longues nuits, il souffrit sans nourriture.
Durante dos largos días y noches sufrió sin comer.
Et pendant ces heures, il a développé une énorme rage en lui.
Y en esas horas se fue acumulando en su interior una rabia enorme.

Ses yeux sont devenus injectés de sang et sauvages à cause d'une colère constante.
Sus ojos se volvieron inyectados en sangre y salvajes por la ira constante.
Il n'était plus Buck, mais un démon aux mâchoires claquantes.
Ya no era Buck, sino un demonio con mandíbulas chasqueantes.
Même le juge n'aurait pas reconnu cette créature folle.
Ni siquiera el juez habría reconocido a esta loca criatura.
Les messagers express ont soupiré de soulagement lorsqu'ils ont atteint Seattle
Los mensajeros exprés suspiraron aliviados cuando llegaron a Seattle.
Quatre hommes ont soulevé la caisse et l'ont amenée dans une cour arrière.
Cuatro hombres levantaron la caja y la llevaron a un patio trasero.
La cour était petite, entourée de murs hauts et solides.
El patio era pequeño, rodeado de muros altos y sólidos.
Un grand homme sortit, vêtu d'un pull rouge affaissé.
Un hombre corpulento salió con una camisa roja holgada.
Il a signé le carnet de livraison d'une écriture épaisse et audacieuse.
Firmó el libro de entrega con letra gruesa y atrevida.
Buck sentit immédiatement que cet homme était son prochain bourreau.
Buck sintió de inmediato que este hombre era su próximo torturador.
Il se jeta violemment sur les barreaux, les yeux rouges de fureur.
Se abalanzó violentamente contra los barrotes, con los ojos rojos de furia.
L'homme sourit simplement sombrement et alla chercher une hachette.
El hombre simplemente sonrió oscuramente y fue a buscar un hacha.

Il portait également une massue dans sa main droite épaisse et forte.
También traía un garrote en su gruesa y fuerte mano derecha.
« Tu vas le sortir maintenant ? » demanda le chauffeur, inquiet.
"¿Vas a sacarlo ahora?" preguntó preocupado el conductor.
« Bien sûr », dit l'homme en enfonçant la hachette dans la caisse comme levier.
—Claro —dijo el hombre, metiendo el hacha en la caja a modo de palanca.
Les quatre hommes se dispersèrent instantanément et sautèrent sur le mur de la cour.
Los cuatro hombres se dispersaron instantáneamente y saltaron al muro del patio.
Depuis leurs endroits sûrs, ils attendaient d'assister au spectacle.
Desde sus lugares seguros arriba, esperaban para observar el espectáculo.
Buck se jeta sur le bois éclaté, le mordant et le secouant violemment.
Buck se abalanzó sobre la madera astillada, mordiéndola y sacudiéndola ferozmente.
Chaque fois que la hachette touchait la cage, Buck était là pour l'attaquer.
Cada vez que el hacha golpeaba la jaula, Buck estaba allí para atacarla.
Il grogna et claqua des dents avec une rage folle, impatient d'être libéré.
Gruñó y chasqueó los dientes con furia salvaje, ansioso por ser liberado.
L'homme dehors était calme et stable, concentré sur sa tâche.
El hombre que estaba afuera estaba tranquilo y firme, concentrado en su tarea.
« Bon, alors, espèce de diable aux yeux rouges », dit-il lorsque le trou fut grand.
"Muy bien, demonio de ojos rojos", dijo cuando el agujero fue grande.

Il laissa tomber la hachette et prit le gourdin dans sa main droite.
Dejó caer el hacha y tomó el garrote con su mano derecha.
Buck ressemblait vraiment à un diable ; les yeux injectés de sang et flamboyants.
Buck realmente parecía un demonio; con los ojos inyectados en sangre y llameantes.
Son pelage se hérissait, de la mousse s'échappait de sa bouche, ses yeux brillaient.
Su pelaje se erizó, le salía espuma por la boca y sus ojos brillaban.
Il rassembla ses muscles et se jeta directement sur le pull rouge.
Tensó los músculos y se lanzó directamente hacia el suéter rojo.
Cent quarante livres de fureur s'abattèrent sur l'homme calme.
Ciento cuarenta libras de furia volaron hacia el hombre tranquilo.
Juste avant que ses mâchoires ne se referment, un coup terrible le frappa.
Justo antes de que sus mandíbulas se cerraran, un golpe terrible lo golpeó.
Ses dents claquèrent l'une contre l'autre, rien d'autre que l'air
Sus dientes chasquearon al chocar contra nada más que el aire.
une secousse de douleur résonna dans son corps
Una sacudida de dolor resonó a través de su cuerpo
Il a fait un saut périlleux en plein vol et s'est écrasé sur le dos et sur le côté.
Dio una vuelta en el aire y se estrelló sobre su espalda y su costado.
Il n'avait jamais ressenti auparavant le coup d'un gourdin et ne pouvait pas le saisir.
Nunca antes había sentido el golpe de un garrote y no podía agarrarlo.

Avec un grognement strident, mi-aboiement, mi-cri, il bondit à nouveau.
Con un gruñido estridente, mitad ladrido, mitad grito, saltó de nuevo.

Un autre coup brutal le frappa et le projeta au sol.
Otro golpe brutal lo alcanzó y lo arrojó al suelo.

Cette fois, Buck comprit : c'était la lourde massue de l'homme.
Esta vez Buck lo entendió: era el pesado garrote del hombre.

Mais la rage l'aveuglait, et il n'avait aucune idée de retraite.
Pero la rabia lo cegó y no pensó en retirarse.

Douze fois il s'est lancé et douze fois il est tombé.
Doce veces se lanzó y doce veces cayó.

Le gourdin en bois le frappait à chaque fois avec une force impitoyable et écrasante.
El palo de madera lo golpeaba cada vez con una fuerza despiadada y aplastante.

Après un coup violent, il se releva en titubant, étourdi et lent.
Después de un golpe feroz, se tambaleó hasta ponerse de pie, aturdido y lento.

Du sang coulait de sa bouche, de son nez et même de ses oreilles.
Le salía sangre de la boca, de la nariz y hasta de las orejas.

Son pelage autrefois magnifique était maculé de mousse sanglante.
Su pelaje, otrora hermoso, estaba manchado de espuma sanguinolenta.

Alors l'homme s'est avancé et a donné un coup violent au nez.
Entonces el hombre se adelantó y le dio un golpe tremendo en la nariz.

L'agonie était plus vive que tout ce que Buck avait jamais ressenti.
La agonía fue más aguda que cualquier cosa que Buck hubiera sentido jamás.

Avec un rugissement plus bête que chien, il bondit à nouveau pour attaquer.
Con un rugido más de bestia que de perro, saltó nuevamente para atacar.
Mais l'homme attrapa sa mâchoire inférieure et la tourna vers l'arrière.
Pero el hombre se agarró la mandíbula inferior y la torció hacia atrás.
Buck fit un saut périlleux et s'écrasa à nouveau violemment.
Buck se dio una vuelta de cabeza y volvió a caer con fuerza.
Une dernière fois, Buck se précipita sur lui, maintenant à peine capable de se tenir debout.
Una última vez, Buck cargó contra él, ahora apenas capaz de mantenerse en pie.
L'homme a frappé avec un timing expert, délivrant le coup final.
El hombre atacó con una sincronización experta, dando el golpe final.
Buck s'est effondré, inconscient et immobile.
Buck se desplomó en un montón, inconsciente e inmóvil.
« Il n'est pas mauvais pour dresser les chiens, c'est ce que je dis », a crié un homme.
"No es ningún inútil a la hora de domar perros, eso es lo que digo", gritó un hombre.
« Druther peut briser la volonté d'un chien n'importe quel jour de la semaine. »
"Druther puede quebrar la voluntad de un perro cualquier día de la semana".
« Et deux fois un dimanche ! » a ajouté le chauffeur.
"¡Y dos veces el domingo!" añadió el conductor.
Il monta dans le chariot et fit claquer les rênes pour partir.
Se subió al carro y tiró de las riendas para partir.
Buck a lentement repris le contrôle de sa conscience
Buck recuperó lentamente el control de su conciencia.
mais son corps était encore trop faible et brisé pour bouger.
Pero su cuerpo todavía estaba demasiado débil y roto para moverse.

Il resta allongé là où il était tombé, regardant l'homme au pull rouge.
Se quedó donde había caído, observando al hombre del suéter rojo.
« Il répond au nom de Buck », dit l'homme en lisant à haute voix.
"Responde al nombre de Buck", dijo el hombre, leyendo en voz alta.
Il a cité la note envoyée avec la caisse de Buck et les détails.
Citó la nota enviada con la caja de Buck y los detalles.
« Eh bien, Buck, mon garçon », continua l'homme d'un ton amical,
—Bueno, Buck, muchacho —continuó el hombre con tono amistoso—.
« Nous avons eu notre petite dispute, et maintenant c'est fini entre nous. »
"Hemos tenido nuestra pequeña pelea y ahora todo ha terminado entre nosotros".
« Tu as appris à connaître ta place, et j'ai appris à connaître la mienne », a-t-il ajouté.
"Tú has aprendido cuál es tu lugar y yo he aprendido cuál es el mío", añadió.
« Sois sage, tout ira bien et la vie sera agréable. »
"Sé bueno y todo irá bien y la vida será placentera".
« Mais sois méchant, et je te botterai les fesses, compris ? »
"Pero si te portas mal, te daré una paliza, ¿entiendes?"
Tandis qu'il parlait, il tendit la main et tapota la tête douloureuse de Buck.
Mientras hablaba, extendió la mano y acarició la cabeza dolorida de Buck.
Les cheveux de Buck se dressèrent au contact de l'homme, mais il ne résista pas.
El cabello de Buck se erizó ante el toque del hombre, pero no se resistió.
L'homme lui apporta de l'eau, que Buck but à grandes gorgées.
El hombre le trajo agua, que Buck bebió a grandes tragos.

Puis vint la viande crue, que Buck dévora morceau par morceau.
Luego vino la carne cruda, que Buck devoró trozo a trozo.
Il savait qu'il était battu, mais il savait aussi qu'il n'était pas brisé.
Sabía que estaba derrotado, pero también sabía que no estaba roto.
Il n'avait aucune chance contre un homme armé d'une matraque.
No tenía ninguna posibilidad contra un hombre armado con un garrote.
Il avait appris la vérité et il n'a jamais oublié cette leçon.
Había aprendido la verdad y nunca olvidó esa lección.
Cette arme était le début de la loi dans le nouveau monde de Buck.
Esa arma fue el comienzo de la ley en el nuevo mundo de Buck.
C'était le début d'un ordre dur et primitif qu'il ne pouvait nier.
Fue el comienzo de un orden duro y primitivo que no podía negar.
Il accepta la vérité ; ses instincts sauvages étaient désormais éveillés.
Aceptó la verdad; sus instintos salvajes ahora estaban despiertos.
Le monde était devenu plus dur, mais Buck l'a affronté avec courage.
El mundo se había vuelto más duro, pero Buck lo afrontó con valentía.
Il a affronté la vie avec une prudence, une ruse et une force tranquille nouvelles.
Afrontó la vida con nueva cautela, astucia y fuerza silenciosa.
D'autres chiens sont arrivés, attachés dans des cordes ou des caisses comme Buck l'avait été.
Llegaron más perros, atados con cuerdas o cajas como había estado Buck.

Certains chiens sont venus calmement, d'autres ont fait rage et se sont battus comme des bêtes sauvages.
Algunos perros llegaron con calma, otros se enfurecieron y pelearon como bestias salvajes.
Ils furent tous soumis au règne de l'homme au pull rouge.
Todos ellos quedaron bajo el dominio del hombre del suéter rojo.
À chaque fois, Buck regardait et voyait la même leçon se dérouler.
Cada vez, Buck observaba y veía cómo se desarrollaba la misma lección.
L'homme avec la massue était la loi, un maître à obéir.
El hombre con el garrote era la ley, un amo al que había que obedecer.
Il n'avait pas besoin d'être aimé, mais il fallait qu'on lui obéisse.
No necesitaba ser querido, pero sí obedecido.
Buck ne s'est jamais montré flatteur ni n'a remué la queue comme le faisaient les chiens plus faibles.
Buck nunca adulaba ni meneaba la cola como lo hacían los perros más débiles.
Il a vu des chiens qui avaient été battus et qui continuaient à lécher la main de l'homme.
Vio perros que estaban golpeados y todavía lamían la mano del hombre.
Il a vu un chien qui refusait d'obéir ou de se soumettre du tout.
Vio un perro que no obedecía ni se sometía en absoluto.
Ce chien s'est battu jusqu'à ce qu'il soit tué dans la bataille pour le contrôle.
Ese perro luchó hasta que murió en la batalla por el control.
Des étrangers venaient parfois voir l'homme au pull rouge.
A veces, desconocidos venían a ver al hombre del suéter rojo.
Ils parlaient sur un ton étrange, suppliant, marchandant et riant.
Hablaban en tonos extraños, suplicando, negociando y riendo.

Lors de l'échange d'argent, ils partaient avec un ou plusieurs chiens.
Cuando se intercambiaba dinero, se iban con uno o más perros.

Buck se demandait où étaient passés ces chiens, car aucun n'était jamais revenu.
Buck se preguntó a dónde habían ido esos perros, pues ninguno regresaba jamás.

la peur de l'inconnu envahissait Buck chaque fois qu'un homme étrange venait
El miedo a lo desconocido llenaba a Buck cada vez que un hombre extraño se acercaba.

il était content à chaque fois qu'un autre chien était pris, plutôt que lui-même.
Se alegraba cada vez que se llevaban a otro perro en lugar de a él mismo.

Mais finalement, le tour de Buck arriva avec l'arrivée d'un homme étrange.
Pero finalmente, llegó el turno de Buck con la llegada de un hombre extraño.

Il était petit, nerveux, parlait un anglais approximatif et jurait.
Era pequeño, fibroso y hablaba un inglés deficiente y decía palabrotas.

« Sacré-Dam ! » hurla-t-il en posant les yeux sur le corps de Buck.
—¡Sacredam! —gritó cuando vio el cuerpo de Buck.

« C'est un sacré chien tyrannique ! Hein ? Combien ? » demanda-t-il à voix haute.
—¡Qué perro tan bravucón! ¿Eh? ¿Cuánto? —preguntó en voz alta.

« Trois cents, et c'est un cadeau à ce prix-là. »
"Trescientos, y es un regalo a ese precio".

« Puisque c'est de l'argent du gouvernement, tu ne devrais pas te plaindre, Perrault. »
—Como es dinero del gobierno, no deberías quejarte, Perrault.

Perrault sourit à l'idée de l'accord qu'il venait de conclure avec cet homme.
Perrault sonrió ante el trato que acababa de hacer con aquel hombre.
Le prix des chiens a grimpé en flèche en raison de la demande soudaine.
El precio de los perros se disparó debido a la repentina demanda.
Trois cents dollars, ce n'était pas injuste pour une si belle bête.
Trescientos dólares no era injusto para una bestia tan bella.
Le gouvernement canadien ne perdrait rien dans cet accord
El gobierno canadiense no perdería nada con el acuerdo
Leurs dépêches officielles ne seraient pas non plus retardées en transit.
Además sus despachos oficiales tampoco sufrirían demoras en el tránsito.
Perrault connaissait bien les chiens et pouvait voir que Buck était quelque chose de rare.
Perrault conocía bien a los perros y podía ver que Buck era algo raro.
« Un sur dix dix mille », pensa-t-il en étudiant la silhouette de Buck.
"Uno entre diez diez mil", pensó mientras estudiaba la complexión de Buck.
Buck a vu l'argent changer de mains, mais n'a montré aucune surprise.
Buck vio que el dinero cambiaba de manos, pero no mostró sorpresa.
Bientôt, lui et Curly, un gentil Terre-Neuve, furent emmenés.
Pronto él y Curly, un gentil Terranova, fueron llevados lejos.
Ils suivirent le petit homme depuis la cour du pull rouge.
Siguieron al hombrecito desde el patio del suéter rojo.
Ce fut la dernière fois que Buck vit l'homme avec la massue en bois.

Esa fue la última vez que Buck vio al hombre con el garrote de madera.

Depuis le pont du Narval, il regardait Seattle disparaître au loin.

Desde la cubierta del Narwhal vio cómo Seattle se desvanecía en la distancia.

C'était aussi la dernière fois qu'il voyait le chaud Southland.

También fue la última vez que vio las cálidas tierras del Sur.

Perrault les emmena sous le pont et les laissa à François.

Perrault los llevó bajo cubierta y los dejó con François.

François était un géant au visage noir, aux mains rugueuses et calleuses.

François era un gigante de cara negra y manos ásperas y callosas.

Il était brun et basané; un métis franco-canadien.

Era oscuro y moreno, un mestizo francocanadiense.

Pour Buck, ces hommes étaient d'un genre qu'il n'avait jamais vu auparavant.

Para Buck, estos hombres eran de un tipo que nunca había visto antes.

Il allait connaître beaucoup d'autres hommes de ce genre dans les jours qui suivirent.

En los días venideros conocería a muchos hombres así.

Il ne s'est pas attaché à eux, mais il a appris à les respecter.

No llegó a encariñarse con ellos, pero llegó a respetarlos.

Ils étaient justes et sages, et ne se laissaient pas facilement tromper par un chien.

Eran justos y sabios, y no se dejaban engañar fácilmente por ningún perro.

Ils jugeaient les chiens avec calme et ne les punissaient que lorsqu'ils le méritaient.

Juzgaban a los perros con calma y castigaban sólo cuando lo merecían.

Sur le pont inférieur du Narwhal, Buck et Curly ont rencontré deux chiens.

En la cubierta inferior del Narwhal, Buck y Curly se encontraron con dos perros.

L'un d'eux était un grand chien blanc venu du lointain et glacial Spitzberg.
Uno de ellos era un gran perro blanco procedente de la lejana y gélida región de Spitzbergen.
Il avait autrefois navigué avec un baleinier et rejoint un groupe d'enquête.
Una vez navegó con un ballenero y se unió a un grupo de investigación.
Il était amical d'une manière sournoise, sournoise et rusée.
Era amigable de una manera astuta, deshonesta y tramposa.
Lors de leur premier repas, il a volé un morceau de viande dans la poêle de Buck.
En su primera comida, robó un trozo de carne de la sartén de Buck.
Buck sauta pour le punir, mais le fouet de François frappa en premier.
Buck saltó para castigarlo, pero el látigo de François golpeó primero.
Le voleur blanc hurla et Buck récupéra l'os volé.
El ladrón blanco gritó y Buck recuperó el hueso robado.
Cette équité impressionna Buck, et François gagna son respect.
Esa imparcialidad impresionó a Buck y François se ganó su respeto.
L'autre chien ne lui a pas adressé de salut et n'en a pas voulu en retour.
El otro perro no saludó y no quiso recibir saludos a cambio.
Il ne volait pas de nourriture et ne reniflait pas les nouveaux arrivants avec intérêt.
No robaba comida ni olfateaba con interés a los recién llegados.
Ce chien était sinistre et calme, sombre et lent.
Este perro era sombrío y silencioso, melancólico y de movimientos lentos.
Il a averti Curly de rester à l'écart en la regardant simplement.

Le advirtió a Curly que se mantuviera alejada simplemente mirándola fijamente.
Son message était clair : laissez-moi tranquille ou il y aura des problèmes.
Su mensaje fue claro: déjenme en paz o habrá problemas.
Il s'appelait Dave et il remarquait à peine son environnement.
Se llamaba Dave y apenas se fijaba en su entorno.
Il dormait souvent, mangeait tranquillement et bâillait de temps en temps.
Dormía a menudo, comía tranquilamente y bostezaba de vez en cuando.

Le navire ronronnait constamment avec le battement de l'hélice en dessous.
El barco zumbaba constantemente con la hélice golpeando debajo.
Les jours passèrent sans grand changement, mais le temps devint plus froid.
Los días pasaron con pocos cambios, pero el clima se volvió más frío.
Buck pouvait le sentir dans ses os et remarqua que les autres le faisaient aussi.
Buck podía sentirlo en sus huesos y notó que los demás también lo sentían.
Puis un matin, l'hélice s'est arrêtée et tout est redevenu calme.
Entonces, una mañana, la hélice se detuvo y todo quedó en silencio.
Une énergie parcourut le vaisseau ; quelque chose avait changé.
Una energía recorrió la nave; algo había cambiado.
François est descendu, les a attachés en laisse et les a remontés.
François bajó, les puso las correas y los trajo arriba.
Buck sortit et trouva le sol doux, blanc et froid.
Buck salió y encontró el suelo suave, blanco y frío.

Il sursauta en arrière, alarmé, et renifla, totalement confus.
Saltó hacia atrás alarmado y resopló totalmente confundido.
Une étrange substance blanche tombait du ciel gris.
Una extraña sustancia blanca caía del cielo gris.
Il se secoua, mais les flocons blancs continuaient à atterrir sur lui.
Se sacudió, pero los copos blancos seguían cayendo sobre él.
Il renifla soigneusement la substance blanche et lécha quelques morceaux glacés.
Olió con cuidado la sustancia blanca y lamió algunos trocitos helados.
La poudre brûla comme du feu, puis disparut de sa langue.
El polvo ardió como fuego y luego desapareció de su lengua.
Buck essaya à nouveau, intrigué par l'étrange froideur qui disparaissait.
Buck lo intentó de nuevo, desconcertado por la extraña frialdad que desaparecía.
Les hommes autour de lui rirent et Buck se sentit gêné.
Los hombres que lo rodeaban se rieron y Buck se sintió avergonzado.
Il ne savait pas pourquoi, mais il avait honte de sa réaction.
No sabía por qué, pero le avergonzaba su reacción.
C'était sa première expérience avec la neige, et cela le dérouta.
Fue su primera experiencia con la nieve y le confundió.

La loi du gourdin et des crocs
La ley del garrote y el colmillo

Le premier jour de Buck sur la plage de Dyea ressemblait à un terrible cauchemar.
El primer día de Buck en la playa de Dyea se sintió como una terrible pesadilla.
Chaque heure apportait de nouveaux chocs et des changements inattendus pour Buck.
Cada hora traía nuevas sorpresas y cambios inesperados para Buck.
Il avait été arraché à la civilisation et jeté dans un chaos sauvage.
Lo habían sacado de la civilización y lo habían arrojado a un caos salvaje.
Ce n'était pas une vie ensoleillée et paresseuse, faite d'ennui et de repos.
Aquella no era una vida soleada y tranquila, llena de aburrimiento y descanso.
Il n'y avait pas de paix, pas de repos, et pas un instant sans danger.
No había paz, ni descanso, ni momento sin peligro.
La confusion régnait sur tout et le danger était toujours proche.
La confusión lo dominaba todo y el peligro siempre estaba cerca.
Buck devait rester vigilant car ces hommes et ces chiens étaient différents.
Buck tuvo que mantenerse alerta porque estos hombres y perros eran diferentes.
Ils n'étaient pas originaires des villes ; ils étaient sauvages et sans pitié.
No eran de pueblos; eran salvajes y sin piedad.
Ces hommes et ces chiens ne connaissaient que la loi du gourdin et des crocs.
Estos hombres y perros sólo conocían la ley del garrote y el colmillo.

Buck n'avait jamais vu de chiens se battre comme ces huskies sauvages.
Buck nunca había visto perros pelear como estos salvajes huskies.
Sa première expérience lui a appris une leçon qu'il n'oublierait jamais.
Su primera experiencia le enseñó una lección que nunca olvidaría.
Il a eu de la chance que ce ne soit pas lui, sinon il serait mort aussi.
Tuvo suerte de que no fuera él, o habría muerto también.
Curly était celui qui souffrait tandis que Buck regardait et apprenait.
Curly fue el que sufrió mientras Buck observaba y aprendía.
Ils avaient installé leur campement près d'un magasin construit en rondins.
Habían acampado cerca de una tienda construida con troncos.
Curly a essayé d'être amical avec un grand husky ressemblant à un loup.
Curly intentó ser amigable con un husky grande, parecido a un lobo.
Le husky était plus petit que Curly, mais avait l'air sauvage et méchant.
El husky era más pequeño que Curly, pero parecía salvaje y malvado.
Sans prévenir, il a sauté et lui a ouvert le visage.
Sin previo aviso, saltó y le abrió el rostro.
Ses dents lui coupèrent l'œil jusqu'à sa mâchoire en un seul mouvement.
Sus dientes la atravesaron desde el ojo hasta la mandíbula en un solo movimiento.
C'est ainsi que les loups se battaient : ils frappaient vite et sautaient loin.
Así era como peleaban los lobos: golpeaban rápido y saltaban.
Mais il y avait plus à apprendre que de cette seule attaque.
Pero había mucho más que aprender de ese único ataque.

Des dizaines de huskies se sont précipités et ont formé un cercle silencieux.
Decenas de huskies entraron corriendo y formaron un círculo silencioso.
Ils regardaient attentivement et se léchaient les lèvres avec faim.
Observaron atentamente y se lamieron los labios con hambre.
Buck ne comprenait pas leur silence ni leurs regards avides.
Buck no entendió su silencio ni sus miradas ansiosas.
Curly s'est précipité pour attaquer le husky une deuxième fois.
Curly se apresuró a atacar al husky por segunda vez.
Il a utilisé sa poitrine pour la renverser avec un mouvement puissant.
Él usó su pecho para derribarla con un movimiento fuerte.
Elle est tombée sur le côté et n'a pas pu se relever.
Ella cayó de lado y no pudo levantarse más.
C'est ce que les autres attendaient depuis le début.
Eso era lo que los demás habían estado esperando todo el tiempo.
Les huskies ont sauté sur elle, hurlant et grognant avec frénésie.
Los perros esquimales saltaron sobre ella, aullando y gruñendo frenéticamente.
Elle a crié alors qu'ils l'enterraient sous un tas de chiens.
Ella gritó cuando la enterraron bajo una pila de perros.
L'attaque fut si rapide que Buck resta figé sur place sous le choc.
El ataque fue tan rápido que Buck se quedó paralizado por la sorpresa.
Il vit Spitz tirer la langue d'une manière qui ressemblait à un rire.
Vio a Spitz sacar la lengua de una manera que parecía una risa.
François a attrapé une hache et a couru droit vers le groupe de chiens.

François cogió un hacha y corrió directamente hacia el grupo de perros.

Trois autres hommes ont utilisé des gourdins pour aider à repousser les huskies.

Otros tres hombres usaron palos para ayudar a ahuyentar a los perros esquimales.

En seulement deux minutes, le combat était terminé et les chiens avaient disparu.

En sólo dos minutos, la pelea terminó y los perros desaparecieron.

Curly gisait morte dans la neige rouge et piétinée, son corps déchiré.

Curly yacía muerta en la nieve roja y pisoteada, con su cuerpo destrozado.

Un homme à la peau sombre se tenait au-dessus d'elle, maudissant la scène brutale.

Un hombre de piel oscura estaba de pie sobre ella, maldiciendo la brutal escena.

Le souvenir est resté avec Buck et a hanté ses rêves la nuit.

El recuerdo permaneció con Buck y atormentó sus sueños por la noche.

C'était comme ça ici : pas d'équité, pas de seconde chance.

Así era aquí: sin justicia, sin segundas oportunidades.

Une fois qu'un chien tombait, les autres le tuaient sans pitié.

Una vez que un perro caía, los demás lo mataban sin piedad.

Buck décida alors qu'il ne se permettrait jamais de tomber.

Buck decidió entonces que nunca se permitiría caer.

Spitz tira à nouveau la langue et rit du sang.

Spitz volvió a sacar la lengua y se rió de la sangre.

À partir de ce moment-là, Buck détesta Spitz de tout son cœur.

Desde ese momento, Buck odió a Spitz con todo su corazón.

Avant que Buck ne puisse se remettre de la mort de Curly, quelque chose de nouveau s'est produit.

Antes de que Buck pudiera recuperarse de la muerte de Curly, sucedió algo nuevo.

François s'est approché et a attaché quelque chose autour du corps de Buck.
François se acercó y ató algo alrededor del cuerpo de Buck.
C'était un harnais comme ceux utilisés sur les chevaux du ranch.
Era un arnés como los que usaban los caballos en el rancho.
Comme Buck avait vu les chevaux travailler, il devait maintenant travailler aussi.
Así como Buck había visto trabajar a los caballos, ahora él también estaba obligado a trabajar.
Il a dû tirer François sur un traîneau dans la forêt voisine.
Tuvo que arrastrar a François en un trineo hasta el bosque cercano.
Il a ensuite dû ramener une lourde charge de bois de chauffage.
Después tuvo que arrastrar una carga de leña pesada.
Buck était fier, donc cela lui faisait mal d'être traité comme un animal de travail.
Buck era orgulloso, por eso le dolía que lo trataran como a un animal de trabajo.
Mais il était sage et n'a pas essayé de lutter contre la nouvelle situation.
Pero él era sabio y no intentó luchar contra la nueva situación.
Il a accepté sa nouvelle vie et a donné le meilleur de lui-même dans chaque tâche.
Aceptó su nueva vida y dio lo mejor de sí en cada tarea.
Tout ce qui concernait ce travail lui était étrange et inconnu.
Todo en la obra le resultaba extraño y desconocido.
François était strict et exigeait l'obéissance sans délai.
Francisco era estricto y exigía obediencia sin demora.
Son fouet garantissait que chaque ordre soit exécuté immédiatement.
Su látigo garantizaba que cada orden fuera seguida al instante.
Dave était le conducteur du traîneau, le chien le plus proche du traîneau derrière Buck.
Dave era el que conducía el trineo, el perro que estaba más cerca de él, detrás de Buck.

Dave mordait Buck sur les pattes arrière s'il faisait une erreur.
Dave mordió a Buck en las patas traseras si cometía un error.
Spitz était le chien de tête, compétent et expérimenté dans ce rôle.
Spitz era el perro líder, hábil y experimentado en su función.
Spitz ne pouvait pas atteindre Buck facilement, mais il le corrigea quand même.
Spitz no pudo alcanzar a Buck fácilmente, pero aún así lo corrigió.
Il grognait durement ou tirait le traîneau d'une manière qui enseignait à Buck.
Gruñó con dureza o tiró del trineo de maneras que le enseñaron a Buck.
Grâce à cette formation, Buck a appris plus vite que ce qu'ils avaient imaginé.
Con este entrenamiento, Buck aprendió más rápido de lo que cualquiera de ellos esperaba.
Il a travaillé dur et a appris de François et des autres chiens.
Trabajó duro y aprendió tanto de François como de los otros perros.
À leur retour, Buck connaissait déjà les commandes clés.
Cuando regresaron, Buck ya conocía los comandos clave.
Il a appris à s'arrêter au son « ho » de François.
Aprendió a detenerse al oír la palabra "ho" gracias a François.
Il a appris quand il a dû tirer le traîneau et courir.
Aprendió cuando tenía que tirar del trineo y correr.
Il a appris à tourner largement dans les virages du sentier sans difficulté.
Aprendió a girar abiertamente en las curvas del camino sin problemas.
Il a également appris à éviter Dave lorsque le traîneau descendait rapidement.
También aprendió a evitar a Dave cuando el trineo descendía rápidamente.
« Ce sont de très bons chiens », dit fièrement François à Perrault.

"Son perros muy buenos", le dijo orgulloso François a Perrault.
« Ce Buck tire comme un dingue, je lui apprends vite fait. »
"Ese Buck tira como un demonio. Le enseño rapidísimo".

Plus tard dans la journée, Perrault est revenu avec deux autres chiens husky.
Más tarde ese día, Perrault regresó con dos perros husky más.
Ils s'appelaient Billee et Joe, et ils étaient frères.
Se llamaban Billee y Joe y eran hermanos.
Ils venaient de la même mère, mais ne se ressemblaient pas du tout.
Venían de la misma madre, pero no se parecían en nada.
Billee était de nature douce et très amicale avec tout le monde.
Billee era de carácter dulce y muy amigable con todos.
Joe était tout le contraire : calme, en colère et toujours en train de grogner.
Joe era todo lo contrario: tranquilo, enojado y siempre gruñendo.
Buck les a accueillis de manière amicale et s'est montré calme avec eux deux.
Buck los saludó de manera amigable y se mostró tranquilo con ambos.
Dave ne leur prêta aucune attention et resta silencieux comme d'habitude.
Dave no les prestó atención y permaneció en silencio como siempre.
Spitz a attaqué d'abord Billee, puis Joe, pour montrer sa domination.
Spitz atacó primero a Billee, luego a Joe, para demostrar su dominio.
Billee remua la queue et essaya d'être amical avec Spitz.
Billee movió la cola y trató de ser amigable con Spitz.
Lorsque cela n'a pas fonctionné, il a essayé de s'enfuir à la place.
Cuando eso no funcionó, intentó huir.

Il a pleuré tristement lorsque Spitz l'a mordu fort sur le côté.
Lloró tristemente cuando Spitz lo mordió fuerte en el costado.
Mais Joe était très différent et refusait d'être intimidé.
Pero Joe era muy diferente y se negaba a dejarse intimidar.
Chaque fois que Spitz s'approchait, Joe se retournait pour lui faire face rapidement.
Cada vez que Spitz se acercaba, Joe giraba rápidamente para enfrentarlo.
Sa fourrure se hérissa, ses lèvres se retroussèrent et ses dents claquèrent sauvagement.
Su pelaje se erizó, sus labios se curvaron y sus dientes chasquearon salvajemente.
Les yeux de Joe brillaient de peur et de rage, défiant Spitz de frapper.
Los ojos de Joe brillaron de miedo y rabia, desafiando a Spitz a atacar.
Spitz abandonna le combat et se détourna, humilié et en colère.
Spitz abandonó la lucha y se alejó, humillado y enojado.
Il a déversé sa frustration sur le pauvre Billee et l'a chassé.
Descargó su frustración en el pobre Billee y lo ahuyentó.
Ce soir-là, Perrault ajouta un chien de plus à l'équipe.
Esa noche, Perrault añadió un perro más al equipo.
Ce chien était vieux, maigre et couvert de cicatrices de guerre.
Este perro era viejo, delgado y cubierto de cicatrices de batalla.
L'un de ses yeux manquait, mais l'autre brillait de puissance.
Le faltaba un ojo, pero el otro brillaba con poder.
Le nom du nouveau chien était Solleks, ce qui signifiait « celui qui est en colère ».
El nombre del nuevo perro era Solleks, que significaba "el enojado".
Comme Dave, Solleks ne demandait rien aux autres et ne donnait rien en retour.
Al igual que Dave, Solleks no pidió nada a los demás y no dio nada a cambio.

Lorsque Solleks entra lentement dans le camp, même Spitz resta à l'écart.
Cuando Solleks entró lentamente al campamento, incluso Spitz se mantuvo alejado.

Il avait une étrange habitude que Buck a eu la malchance de découvrir.
Tenía un hábito extraño que Buck tuvo la mala suerte de descubrir.

Solleks détestait qu'on l'approche du côté où il était aveugle.
A Solleks le disgustaba que se acercaran a él por el lado donde estaba ciego.

Buck ne le savait pas et a fait cette erreur par accident.
Buck no sabía esto y cometió ese error por accidente.

Solleks se retourna et frappa l'épaule de Buck profondément et rapidement.
Solleks se dio la vuelta y cortó el hombro de Buck profunda y rápidamente.

À partir de ce moment, Buck ne s'est plus jamais approché du côté aveugle de Solleks.
A partir de ese momento, Buck nunca se acercó al lado ciego de Solleks.

Ils n'ont plus jamais eu de problèmes pendant le reste de leur temps ensemble.
Nunca volvieron a tener problemas durante el resto del tiempo que estuvieron juntos.

Solleks voulait seulement être laissé seul, comme le calme Dave.
Solleks sólo quería que lo dejaran solo, como el tranquilo Dave.

Mais Buck apprendra plus tard qu'ils avaient chacun un autre objectif secret.
Pero Buck se enteraría más tarde de que cada uno tenía otro objetivo secreto.

Cette nuit-là, Buck a dû faire face à un nouveau défi troublant : comment dormir.
Esa noche, Buck se enfrentó a un nuevo y preocupante desafío: cómo dormir.

La tente brillait chaleureusement à la lumière des bougies dans le champ enneigé.
La tienda brillaba cálidamente con la luz de las velas en el campo nevado.
Buck entra, pensant qu'il pourrait se reposer là comme avant.
Buck entró, pensando que podría descansar allí como antes.
Mais Perrault et François lui criaient dessus et lui jetaient des casseroles.
Pero Perrault y François le gritaron y le lanzaron sartenes.
Choqué et confus, Buck s'est enfui dans le froid glacial.
Sorprendido y confundido, Buck corrió hacia el frío helado.
Un vent glacial piquait son épaule blessée et lui gelait les pattes.
Un viento amargo le azotó el hombro herido y le congeló las patas.
Il s'est allongé dans la neige et a essayé de dormir à la belle étoile.
Se tumbó en la nieve y trató de dormir al aire libre.
Mais le froid l'obligea bientôt à se relever, tremblant terriblement.
Pero el frío pronto le obligó a levantarse de nuevo, temblando mucho.
Il erra dans le camp, essayant de trouver un endroit plus chaud.
Deambuló por el campamento intentando encontrar un lugar más cálido.
Mais chaque coin était aussi froid que le précédent.
Pero cada rincón estaba tan frío como el anterior.
Parfois, des chiens sauvages sautaient sur lui dans l'obscurité.
A veces, perros salvajes saltaban sobre él desde la oscuridad.
Buck hérissa sa fourrure, montra ses dents et grogna en signe d'avertissement.
Buck erizó su pelaje, mostró los dientes y gruñó en señal de advertencia.
Il apprenait vite et les autres chiens reculaient rapidement.

Estaba aprendiendo rápido y los otros perros se alejaban rápidamente.
Il n'avait toujours pas d'endroit où dormir et ne savait pas quoi faire.
Aún así, no tenía dónde dormir ni idea de qué hacer.
Finalement, une pensée lui vint : aller voir ses coéquipiers.
Por fin se le ocurrió una idea: ver cómo estaban sus compañeros de equipo.
Il est retourné dans leur région et a été surpris de les trouver partis.
Regresó a su zona y se sorprendió al descubrir que habían desaparecido.
Il chercha à nouveau dans le camp, mais ne parvint toujours pas à les trouver.
Nuevamente buscó por todo el campamento, pero todavía no pudo encontrarlos.
Il savait qu'ils ne pouvaient pas être dans la tente, sinon il le serait aussi.
Sabía que ellos no podían estar en la tienda, o él también lo estaría.
Alors, où étaient passés tous les chiens dans ce camp gelé ?
Entonces ¿a dónde se habían ido todos los perros en este campamento helado?
Buck, froid et misérable, tournait lentement autour de la tente.
Buck, frío y miserable, caminó lentamente alrededor de la tienda.
Soudain, ses pattes avant s'enfoncèrent dans la neige molle et le surprit.
De repente, sus patas delanteras se hundieron en la nieve blanda y lo sobresaltó.
Quelque chose se tortilla sous ses pieds et il sursauta en arrière, effrayé.
Algo se movió bajo sus pies y saltó hacia atrás asustado.
Il grogna et grogna, ne sachant pas ce qui se cachait sous la neige.
Gruñó y rugió sin saber qué había debajo de la nieve.

Puis il entendit un petit aboiement amical qui apaisa sa peur.
Entonces oyó un ladrido amistoso que alivió su miedo.
Il renifla l'air et s'approcha pour voir ce qui était caché.
Olfateó el aire y se acercó para ver qué estaba oculto.
Sous la neige, recroquevillée en boule chaude, se trouvait la petite Billee.
Bajo la nieve, acurrucada en una bola cálida, estaba la pequeña Billee.
Billee remua la queue et lécha le visage de Buck pour le saluer.
Billee movió la cola y lamió la cara de Buck para saludarlo.
Buck a vu comment Billee avait fabriqué un endroit pour dormir dans la neige.
Buck vio cómo Billee había hecho un lugar para dormir en la nieve.
Il avait creusé et utilisé sa propre chaleur pour rester au chaud.
Había cavado y usado su propio calor para mantenerse caliente.
Buck avait appris une autre leçon : c'est ainsi que les chiens dormaient.
Buck había aprendido otra lección: así era como dormían los perros.
Il a choisi un endroit et a commencé à creuser son propre trou dans la neige.
Eligió un lugar y comenzó a cavar su propio hoyo en la nieve.
Au début, il bougeait trop et gaspillait de l'énergie.
Al principio, se movía demasiado y desperdiciaba energía.
Mais bientôt son corps réchauffa l'espace et il se sentit en sécurité.
Pero pronto su cuerpo calentó el espacio y se sintió seguro.
Il se recroquevilla étroitement et, peu de temps après, il s'endormit profondément.
Se acurrucó fuertemente y al poco tiempo estaba profundamente dormido.
La journée avait été longue et dure, et Buck était épuisé.

El día había sido largo y duro, y Buck estaba exhausto.
Il dormait profondément et confortablement, même si ses rêves étaient fous.
Durmió profundamente y cómodamente, aunque sus sueños fueron salvajes.
Il grognait et aboyait dans son sommeil, se tordant pendant qu'il rêvait.
Gruñó y ladró mientras dormía, retorciéndose mientras soñaba.

Buck ne s'est réveillé que lorsque le camp était déjà en train de prendre vie.
Buck no se despertó hasta que el campamento ya estaba cobrando vida.
Au début, il ne savait pas où il était ni ce qui s'était passé.
Al principio, no sabía dónde estaba ni qué había sucedido.
La neige était tombée pendant la nuit et avait complètement enseveli son corps.
Había nevado durante la noche y había enterrado completamente su cuerpo.
La neige se pressait autour de lui, serrée de tous côtés.
La nieve lo apretaba por todos lados.
Soudain, une vague de peur traversa tout le corps de Buck.
De repente, una ola de miedo recorrió todo el cuerpo de Buck.
C'était la peur d'être piégé, une peur venue d'instincts profonds.
Era el miedo a quedar atrapado, un miedo que provenía de instintos profundos.
Bien qu'il n'ait jamais vu de piège, la peur vivait en lui.
Aunque nunca había visto una trampa, el miedo vivía dentro de él.
C'était un chien apprivoisé, mais maintenant ses vieux instincts sauvages se réveillaient.
Era un perro domesticado, pero ahora sus viejos instintos salvajes estaban despertando.
Les muscles de Buck se tendirent et sa fourrure se dressa sur tout son dos.

Los músculos de Buck se tensaron y se le erizó el pelaje por toda la espalda.
Il grogna férocement et bondit droit dans la neige.
Gruñó ferozmente y saltó hacia arriba a través de la nieve.
La neige volait dans toutes les directions alors qu'il faisait irruption dans la lumière du jour.
La nieve voló en todas direcciones cuando estalló la luz del día.
Avant même d'atterrir, Buck vit le camp s'étendre devant lui.
Incluso antes de aterrizar, Buck vio el campamento extendido ante él.
Il se souvenait de tout ce qui s'était passé la veille, d'un seul coup.
Recordó todo del día anterior, de repente.
Il se souvenait d'avoir flâné avec Manuel et d'avoir fini à cet endroit.
Recordó pasear con Manuel y terminar en ese lugar.
Il se souvenait avoir creusé le trou et s'être endormi dans le froid.
Recordó haber cavado el hoyo y haberse quedado dormido en el frío.
Maintenant, il était réveillé et le monde sauvage qui l'entourait était clair.
Ahora estaba despierto y el mundo salvaje que lo rodeaba estaba claro.
Un cri de François salua l'apparition soudaine de Buck.
Un grito de François saludó la repentina aparición de Buck.
« Qu'est-ce que j'ai dit ? » cria le conducteur du chien à Perrault.
—¿Qué te dije? —gritó en voz alta el conductor del perro a Perrault.
« Ce Buck apprend vraiment très vite », a ajouté François.
"Ese Buck sin duda aprende muy rápido", añadió François.
Perrault hocha gravement la tête, visiblement satisfait du résultat.
Perrault asintió gravemente, claramente satisfecho con el resultado.

En tant que courrier pour le gouvernement canadien, il transportait des dépêches.
Como mensajero del gobierno canadiense, transportaba despachos.
Il était impatient de trouver les meilleurs chiens pour son importante mission.
Estaba ansioso por encontrar los mejores perros para su importante misión.
Il se sentait particulièrement heureux maintenant que Buck faisait partie de l'équipe.
Se sintió especialmente complacido ahora que Buck era parte del equipo.
Trois autres huskies ont été ajoutés à l'équipe en une heure.
Se agregaron tres huskies más al equipo en una hora.
Cela porte le nombre total de chiens dans l'équipe à neuf.
Eso elevó el número total de perros en el equipo a nueve.
En quinze minutes, tous les chiens étaient dans leurs harnais.
En quince minutos todos los perros estaban en sus arneses.
L'équipe de traîneaux remontait le sentier en direction du canyon de Dyea.
El equipo de trineos avanzaba por el sendero hacia Dyea Cañón.
Buck était heureux de partir, même si le travail à venir était difficile.
Buck se sintió contento de partir, incluso si el trabajo que tenía por delante era duro.
Il s'est rendu compte qu'il ne détestait pas particulièrement le travail ou le froid.
Descubrió que no despreciaba especialmente el trabajo ni el frío.
Il a été surpris par l'empressement qui a rempli toute l'équipe.
Le sorprendió el entusiasmo que llenaba a todo el equipo.
Encore plus surprenant fut le changement qui s'était produit chez Dave et Solleks.

Aún más sorprendente fue el cambio que se produjo en Dave y Solleks.
Ces deux chiens étaient complètement différents lorsqu'ils étaient attelés.
Estos dos perros eran completamente diferentes cuando estaban enjaezados.
Leur passivité et leur manque d'intérêt avaient complètement disparu.
Su pasividad y falta de preocupación habían desaparecido por completo.
Ils étaient alertes et actifs, et désireux de bien faire leur travail.
Estaban alertas y activos, y ansiosos por hacer bien su trabajo.
Ils s'irritaient violemment à tout ce qui pouvait provoquer un retard ou une confusion.
Se irritaban ferozmente ante cualquier cosa que causara retraso o confusión.
Le travail acharné sur les rênes était le centre de tout leur être.
El duro trabajo en las riendas era el centro de todo su ser.
Tirer un traîneau semblait être la seule chose qu'ils appréciaient vraiment.
Tirar del trineo parecía ser lo único que realmente disfrutaban.
Dave était à l'arrière du groupe, le plus proche du traîneau lui-même.
Dave estaba en la parte de atrás del grupo, más cerca del trineo.
Buck a été placé devant Dave, et Solleks a dépassé Buck.
Buck fue colocado delante de Dave, y Solleks se adelantó a Buck.
Le reste des chiens était aligné devant eux en file indienne.
El resto de los perros estaban dispersos adelante, en una sola fila.
La position de tête à l'avant était occupée par Spitz.
La posición de cabeza en la parte delantera quedó ocupada por Spitz.
Buck avait été placé entre Dave et Solleks pour l'instruction.

Buck había sido colocado entre Dave y Solleks para recibir instrucción.
Il apprenait vite et ils étaient des professeurs fermes et compétents.
Él aprendía rápido y sus profesores eran firmes y capaces.
Ils n'ont jamais permis à Buck de rester longtemps dans l'erreur.
Nunca permitieron que Buck permaneciera en el error por mucho tiempo.
Ils ont enseigné leurs leçons avec des dents acérées quand c'était nécessaire.
Enseñaron sus lecciones con dientes afilados cuando era necesario.
Dave était juste et faisait preuve d'une sagesse calme et sérieuse.
Dave era justo y mostraba un tipo de sabiduría tranquila y seria.
Il n'a jamais mordu Buck sans une bonne raison de le faire.
Él nunca mordió a Buck sin una buena razón para hacerlo.
Mais il n'a jamais manqué de mordre lorsque Buck avait besoin d'être corrigé.
Pero nunca dejó de morder cuando Buck necesitaba corrección.
Le fouet de François était toujours prêt et soutenait leur autorité.
El látigo de Francisco estaba siempre listo y respaldaba su autoridad.
Buck a vite compris qu'il valait mieux obéir que riposter.
Buck pronto descubrió que era mejor obedecer que defenderse.
Un jour, lors d'un court repos, Buck s'est emmêlé dans les rênes.
Una vez, durante un breve descanso, Buck se enredó en las riendas.
Il a retardé le départ et a perturbé le mouvement de l'équipe.
Retrasó el inicio y confundió los movimientos del equipo.

Dave et Solleks se sont jetés sur lui et lui ont donné une raclée.
Dave y Solleks se abalanzaron sobre él y le dieron una paliza brutal.
L'enchevêtrement n'a fait qu'empirer, mais Buck a bien appris sa leçon.
El enredo sólo empeoró, pero Buck aprendió bien la lección.
Dès lors, il garda les rênes tendues et travailla avec soin.
A partir de entonces, mantuvo las riendas tensas y trabajó con cuidado.
Avant la fin de la journée, Buck avait maîtrisé une grande partie de sa tâche.
Antes de que terminara el día, Buck había dominado gran parte de su tarea.
Ses coéquipiers ont presque arrêté de le corriger ou de le mordre.
Sus compañeros casi dejaron de corregirlo y morderlo.
Le fouet de François claquait de moins en moins souvent dans l'air.
El látigo de François resonaba cada vez con menos frecuencia en el aire.
Perrault a même soulevé les pieds de Buck et a soigneusement examiné chaque patte.
Perrault incluso levantó los pies de Buck y examinó cuidadosamente cada pata.
Cela avait été une journée de course difficile, longue et épuisante pour eux tous.
Había sido un día de carrera duro, largo y agotador para todos ellos.
Ils remontèrent le Cañon, traversèrent Sheep Camp et passèrent devant les Scales.
Viajaron por el Cañón, atravesando Sheep Camp y pasando por Scales.
Ils ont traversé la limite des forêts, puis des glaciers et des congères de plusieurs mètres de profondeur.
Cruzaron la línea de árboles, luego glaciares y bancos de nieve de muchos metros de profundidad.

Ils ont escaladé la grande et froide chaîne de montagnes Chilkoot Divide.
Escalaron la gran, fría y prohibitiva divisoria de Chilkoot.
Cette haute crête se dressait entre l'eau salée et l'intérieur gelé.
Esa alta cresta se encontraba entre el agua salada y el interior helado.
Les montagnes protégeaient le Nord triste et solitaire avec de la glace et des montées abruptes.
Las montañas custodiaban con hielo y empinadas subidas el triste y solitario Norte.
Ils ont parcouru à bon rythme une longue chaîne de lacs en aval de la ligne de partage des eaux.
Avanzaron a buen ritmo por una larga cadena de lagos debajo de la divisoria.
Ces lacs remplissaient les anciens cratères de volcans éteints.
Esos lagos llenaban los antiguos cráteres de volcanes extintos.
Tard dans la nuit, ils atteignirent un grand camp au bord du lac Bennett.
Tarde esa noche, llegaron a un gran campamento en el lago Bennett.
Des milliers de chercheurs d'or étaient là, construisant des bateaux pour le printemps.
Miles de buscadores de oro estaban allí, construyendo barcos para la primavera.
La glace allait bientôt se briser et ils devaient être prêts.
El hielo se rompería pronto y tenían que estar preparados.
Buck creusa son trou dans la neige et tomba dans un profond sommeil.
Buck cavó su hoyo en la nieve y cayó en un sueño profundo.
Il dormait comme un ouvrier, épuisé par une dure journée de travail.
Durmió como un trabajador, exhausto por la dura jornada de trabajo.
Mais trop tôt dans l'obscurité, il fut tiré de son sommeil.
Pero demasiado pronto, en la oscuridad, fue sacado del sueño.

Il fut à nouveau attelé avec ses compagnons et attaché au traîneau.
Fue enganchado nuevamente con sus compañeros y sujeto al trineo.

Ce jour-là, ils ont parcouru quarante milles, car la neige était bien battue.
Aquel día hicieron cuarenta millas, porque la nieve estaba muy pisoteada.

Le lendemain, et pendant plusieurs jours après, la neige était molle.
Al día siguiente, y durante muchos días más, la nieve estaba blanda.

Ils ont dû faire le chemin eux-mêmes, en travaillant plus dur et en avançant plus lentement.
Tuvieron que hacer el camino ellos mismos, trabajando más duro y moviéndose más lento.

Habituellement, Perrault marchait devant l'équipe avec des raquettes palmées.
Por lo general, Perrault caminaba delante del equipo con raquetas de nieve palmeadas.

Ses pas ont compacté la neige, facilitant ainsi le déplacement du traîneau.
Sus pasos compactaron la nieve, facilitando el movimiento del trineo.

François, qui dirigeait depuis le mât, prenait parfois le relais.
François, que dirigía el barco desde la dirección, a veces tomaba el relevo.

Mais il était rare que François prenne les devants
Pero era raro que François tomara la iniciativa.

parce que Perrault était pressé de livrer les lettres et les colis.
porque Perrault tenía prisa por entregar las cartas y los paquetes.

Perrault était fier de sa connaissance de la neige, et surtout de la glace.
Perrault estaba orgulloso de su conocimiento de la nieve, y especialmente del hielo.

Cette connaissance était essentielle, car la glace d'automne était dangereusement mince.
Ese conocimiento era esencial porque el hielo en otoño era peligrosamente delgado.
Là où l'eau coulait rapidement sous la surface, il n'y avait pas du tout de glace.
Allí donde el agua fluía rápidamente bajo la superficie, no había hielo en absoluto.

Jour après jour, la même routine se répétait sans fin.
Día tras día, la misma rutina se repetía sin fin.
Buck travaillait sans relâche sur les rênes, de l'aube jusqu'à la nuit.
Buck trabajó incansablemente en las riendas desde el amanecer hasta la noche.
Ils quittèrent le camp dans l'obscurité, bien avant le lever du soleil.
Abandonaron el campamento en la oscuridad, mucho antes de que saliera el sol.
Au moment où le jour se leva, ils avaient déjà parcouru de nombreux kilomètres.
Cuando amaneció, ya habían recorrido muchos kilómetros.
Ils ont installé leur campement après la tombée de la nuit, mangeant du poisson et creusant dans la neige.
Acamparon después del anochecer, comieron pescado y excavaron en la nieve.
Buck avait toujours faim et n'était jamais vraiment satisfait de sa ration.
Buck siempre tenía hambre y nunca estaba realmente satisfecho con su ración.
Il recevait une livre et demie de saumon séché chaque jour.
Recibía una libra y media de salmón seco cada día.
Mais la nourriture semblait disparaître en lui, laissant la faim derrière elle.
Pero la comida parecía desaparecer dentro de él, dejando atrás el hambre.

Il souffrait constamment de la faim et rêvait de plus de nourriture.
Sufría constantes dolores de hambre y soñaba con más comida.
Les autres chiens n'ont pris qu'une livre, mais ils sont restés forts.
Los otros perros sólo ganaron una libra, pero se mantuvieron fuertes.
Ils étaient plus petits et étaient nés dans le mode de vie du Nord.
Eran más pequeños y habían nacido en la vida del norte.
Il perdit rapidement la méticulosité qui avait marqué son ancienne vie.
Perdió rápidamente la meticulosidad que había caracterizado su antigua vida.
Il avait été un mangeur délicat, mais maintenant ce n'était plus possible.
Había sido un comensal delicado, pero ahora eso ya no era posible.
Ses camarades ont terminé premiers et lui ont volé sa ration inachevée.
Sus compañeros terminaron primero y le robaron su ración sobrante.
Une fois qu'ils ont commencé, il n'y avait aucun moyen de défendre sa nourriture contre eux.
Una vez que empezaron, no había forma de defender su comida de ellos.
Pendant qu'il combattait deux ou trois chiens, les autres volaient le reste.
Mientras él luchaba contra dos o tres perros, los otros le robaron el resto.
Pour résoudre ce problème, il a commencé à manger aussi vite que les autres.
Para solucionar esto, comenzó a comer tan rápido como los demás.
La faim le poussait tellement qu'il prenait même de la nourriture qui n'était pas la sienne.

El hambre lo empujó tan fuerte que incluso tomó comida que no era suya.
Il observait les autres et apprenait rapidement de leurs actions.
Observó a los demás y aprendió rápidamente de sus acciones.
Il a vu Pike, un nouveau chien, voler une tranche de bacon à Perrault.
Vio a Pike, un perro nuevo, robarle una rebanada de tocino a Perrault.
Pike avait attendu que Perrault ait le dos tourné pour voler le bacon.
Pike había esperado hasta que Perrault se dio la espalda para robarle el tocino.
Le lendemain, Buck a copié Pike et a volé tout le morceau.
Al día siguiente, Buck copió a Pike y robó todo el trozo.
Un grand tumulte s'ensuivit, mais Buck ne fut pas suspecté.
Se produjo un gran alboroto, pero no se sospechó de Buck.
Dub, un chien maladroit qui se faisait toujours prendre, a été puni à la place.
Dub, un perro torpe que siempre era atrapado, fue castigado.
Ce premier vol a fait de Buck un chien apte à survivre dans le Nord.
Ese primer robo marcó a Buck como un perro apto para sobrevivir en el Norte.
Il a montré qu'il pouvait s'adapter à de nouvelles conditions et apprendre rapidement.
Demostró que podía adaptarse a nuevas condiciones y aprender rápidamente.
Sans une telle adaptabilité, il serait mort rapidement et gravement.
Sin esa adaptabilidad, habría muerto rápida y gravemente.
Cela a également marqué l'effondrement de sa nature morale et de ses valeurs passées.
También marcó el colapso de su naturaleza moral y de sus valores pasados.
Dans le Southland, il avait vécu sous la loi de l'amour et de la bonté.

En el Sur, había vivido bajo la ley del amor y la bondad.
Là, il était logique de respecter la propriété et les sentiments des autres chiens.
Allí tenía sentido respetar la propiedad y los sentimientos de los otros perros.
Mais le Northland suivait la loi du gourdin et la loi du croc.
Pero en el Norte se aplicaba la ley del garrote y la ley del colmillo.
Quiconque respectait les anciennes valeurs ici était stupide et échouerait.
Quienquiera que respetara los viejos valores aquí sería un tonto y fracasaría.
Buck n'a pas réfléchi à tout cela dans son esprit.
Buck no razonó todo esto en su mente.
Il était en forme et s'est donc adapté sans avoir besoin de réfléchir.
Estaba en forma y se adaptó sin necesidad de pensar.
De toute sa vie, il n'avait jamais fui un combat.
Durante toda su vida, nunca había huido de una pelea.
Mais la massue en bois de l'homme au pull rouge a changé cette règle.
Pero el garrote de madera del hombre del suéter rojo cambió esa regla.
Il suivait désormais un code plus profond et plus ancien, inscrit dans son être.
Ahora seguía un código más profundo y antiguo escrito en su ser.
Il ne volait pas par plaisir, mais par faim.
No robó por placer sino por el dolor del hambre.
Il n'a jamais volé ouvertement, mais il a volé avec ruse et prudence.
Él nunca robaba abiertamente, sino que hurtaba con astucia y cuidado.
Il a agi par respect pour la massue en bois et par peur du croc.
Actuó por respeto al garrote de madera y por miedo al colmillo.

En bref, il a fait ce qui était plus facile et plus sûr que de ne pas le faire.
En resumen, hizo lo que era más fácil y seguro que no hacerlo.
Son développement – ou peut-être son retour à ses anciens instincts – fut rapide.
Su desarrollo —o quizás su regreso a los viejos instintos— fue rápido.
Ses muscles se durcirent jusqu'à devenir aussi forts que du fer.
Sus músculos se endurecieron hasta sentirse tan fuertes como el hierro.
Il ne se souciait plus de la douleur, à moins qu'elle ne soit grave.
Ya no le importaba el dolor, a menos que fuera grave.
Il est devenu efficace à l'intérieur comme à l'extérieur, ne gaspillant rien du tout.
Se volvió eficiente por dentro y por fuera, sin desperdiciar nada.
Il pouvait manger des choses viles, pourries ou difficiles à digérer.
Podía comer cosas viles, podridas o difíciles de digerir.
Quoi qu'il mange, son estomac utilisait jusqu'au dernier morceau de valeur.
Todo lo que comía, su estómago aprovechaba hasta el último vestigio de valor.
Son sang transportait les nutriments loin dans son corps puissant.
Su sangre transportaba los nutrientes a través de su poderoso cuerpo.
Cela a créé des tissus solides qui lui ont donné une endurance incroyable.
Esto creó tejidos fuertes que le dieron una resistencia increíble.
Sa vue et son odorat sont devenus beaucoup plus sensibles qu'avant.
Su vista y su olfato se volvieron mucho más sensibles que antes.

Son ouïe est devenue si fine qu'il pouvait détecter des sons faibles pendant son sommeil.
Su audición se agudizó tanto que podía detectar sonidos débiles durante el sueño.
Il savait dans ses rêves si les sons signifiaient sécurité ou danger.
Sabía en sueños si los sonidos significaban seguridad o peligro.
Il a appris à mordre la glace entre ses orteils avec ses dents.
Aprendió a morder el hielo entre los dedos de los pies con los dientes.
Si un point d'eau gelait, il brisait la glace avec ses jambes.
Si un charco de agua se congelaba, rompía el hielo con las piernas.
Il se cabra et frappa violemment la glace avec ses membres antérieurs raides.
Se encabritó y golpeó con fuerza el hielo con sus rígidas patas delanteras.
Sa capacité la plus frappante était de prédire les changements de vent pendant la nuit.
Su habilidad más sorprendente era predecir los cambios del viento durante la noche.
Même lorsque l'air était calme, il choisissait des endroits abrités du vent.
Incluso cuando el aire estaba quieto, elegía lugares protegidos del viento.
Partout où il creusait son nid, le vent du lendemain le passait à côté de lui.
Dondequiera que cavaba su nido, el viento del día siguiente lo pasaba de largo.
Il finissait toujours par se blottir et se protéger, sous le vent.
Siempre acababa abrigado y protegido, a sotavento de la brisa.
Buck n'a pas seulement appris par l'expérience : son instinct est également revenu.
Buck no sólo aprendió con la experiencia: sus instintos también regresaron.

Les habitudes des générations domestiquées ont commencé à disparaître.
Los hábitos de las generaciones domesticadas comenzaron a desaparecer.

De manière vague, il se souvenait des temps anciens de sa race.
De manera vaga, recordaba los tiempos antiguos de su raza.

Il repensa à l'époque où les chiens sauvages couraient en meute dans les forêts.
Recordó cuando los perros salvajes corrían en manadas por los bosques.

Ils avaient poursuivi et tué leur proie en la poursuivant.
Habían perseguido y matado a su presa mientras la perseguían.

Il était facile pour Buck d'apprendre à se battre avec force et rapidité.
Para Buck fue fácil aprender a pelear con dientes y velocidad.

Il utilisait des coupures, des entailles et des coups rapides, tout comme ses ancêtres.
Utilizaba cortes, tajos y chasquidos rápidos igual que sus antepasados.

Ces ancêtres se sont réveillés en lui et ont réveillé sa nature sauvage.
Aquellos antepasados se agitaron dentro de él y despertaron su naturaleza salvaje.

Leurs anciennes compétences lui avaient été transmises par le sang.
Sus antiguas habilidades habían pasado a él a través de la línea de sangre.

Leurs tours étaient désormais à lui, sans besoin de pratique ni d'effort.
Sus trucos ahora eran suyos, sin necesidad de práctica ni esfuerzo.

Lors des nuits calmes et froides, Buck levait le nez et hurlait.
En las noches frías y quietas, Buck levantaba la nariz y aullaba.

Il hurla longuement et profondément, comme le faisaient les loups autrefois.
Aulló largo y profundamente, como lo hacían los lobos antaño.
À travers lui, ses ancêtres morts pointaient leur nez et hurlaient.
A través de él, sus antepasados muertos apuntaron sus narices y aullaron.
Ils ont hurlé à travers les siècles avec sa voix et sa forme.
Aullaron a través de los siglos con su voz y su forma.
Ses cadences étaient les leurs, de vieux cris qui parlaient de chagrin et de froid.
Sus cadencias eran las de ellos, viejos gritos que hablaban de dolor y frío.
Ils chantaient l'obscurité, la faim et le sens de l'hiver.
Cantaron sobre la oscuridad, el hambre y el significado del invierno.
Buck a prouvé que la vie est façonnée par des forces qui nous dépassent.
Buck demostró cómo la vida está determinada por fuerzas ajenas a uno mismo.
L'ancienne chanson s'éleva à travers Buck et s'empara de son âme.
La antigua canción se elevó a través de Buck y se apoderó de su alma.
Il s'est retrouvé parce que les hommes avaient trouvé de l'or dans le Nord.
Se encontró a sí mismo porque los hombres habían encontrado oro en el Norte.
Et il s'est retrouvé parce que Manuel, l'aide du jardinier, avait besoin d'argent.
Y se encontró porque Manuel, el ayudante del jardinero, necesitaba dinero.

La Bête Primordiale Dominante
La Bestia Primordial Dominante

La bête primordiale dominante était aussi forte que jamais en Buck.
La bestia primordial dominante era tan fuerte como siempre en Buck.
Mais la bête primordiale dominante sommeillait en lui.
Pero la bestia primordial dominante yacía latente en él.
La vie sur le sentier était dure, mais elle renforçait la bête qui sommeillait en Buck.
La vida en el camino era dura, pero fortalecía a la bestia que Buck llevaba dentro.
Secrètement, la bête devenait de plus en plus forte chaque jour.
En secreto, la bestia se hacía cada día más fuerte.
Mais cette croissance intérieure est restée cachée au monde extérieur.
Pero ese crecimiento interior permaneció oculto para el mundo exterior.
Une force primordiale, calme et tranquille, se construisait à l'intérieur de Buck.
Una fuerza primordial, tranquila y calmada se estaba construyendo dentro de Buck.
Une nouvelle ruse a donné à Buck l'équilibre, le calme, le contrôle et l'équilibre.
Una nueva astucia le proporcionó a Buck equilibrio, calma, control y aplomo.
Buck s'est concentré sur son adaptation, sans jamais se sentir complètement détendu.
Buck se concentró mucho en adaptarse, sin sentirse nunca totalmente relajado.
Il évitait les conflits, ne déclenchait jamais de bagarres et ne cherchait jamais les ennuis.
Él evitaba los conflictos, nunca iniciaba peleas ni buscaba problemas.

Une réflexion lente et constante façonnait chaque mouvement de Buck.
Una reflexión lenta y constante moldeó cada movimiento de Buck.
Il évitait les choix irréfléchis et les décisions soudaines et imprudentes.
Evitó las elecciones precipitadas y las decisiones repentinas e imprudentes.
Bien que Buck détestait profondément Spitz, il ne lui montrait aucune agressivité.
Aunque Buck odiaba profundamente a Spitz, no le mostró ninguna agresión.
Buck n'a jamais provoqué Spitz et a gardé ses actions contenues.
Buck nunca provocó a Spitz y mantuvo sus acciones moderadas.
Spitz, de son côté, sentait le danger grandissant chez Buck.
Spitz, por otro lado, percibió el creciente peligro en Buck.
Il considérait Buck comme une menace et un sérieux défi à son pouvoir.
Él veía a Buck como una amenaza y un serio desafío a su poder.
Il profitait de chaque occasion pour grogner et montrer ses dents acérées.
Aprovechó cada oportunidad para gruñir y mostrar sus afilados dientes.
Il essayait de déclencher le combat mortel qui devait avoir lieu.
Estaba tratando de iniciar la pelea mortal que estaba por venir.
Au début du voyage, une bagarre a failli éclater entre eux.
Al principio del viaje casi se desató una pelea entre ellos.
Mais un accident inattendu a empêché le combat d'avoir lieu.
Pero un accidente inesperado detuvo la pelea.
Ce soir-là, ils installèrent leur campement sur le lac Le Barge, extrêmement froid.
Esa tarde acamparon en el gélido lago Le Barge.

La neige tombait fort et le vent soufflait comme un couteau.
La nieve caía con fuerza y el viento cortaba como un cuchillo.
La nuit était venue trop vite et l'obscurité les entourait.
La noche había llegado demasiado rápido y la oscuridad los rodeaba.
Ils n'auraient pas pu choisir un pire endroit pour se reposer.
Difícilmente podrían haber elegido un peor lugar para descansar.
Les chiens cherchaient désespérément un endroit où se coucher.
Los perros buscaban desesperadamente un lugar donde tumbarse.
Un haut mur de roche s'élevait abruptement derrière le petit groupe.
Detrás del pequeño grupo se alzaba una alta pared de roca.
La tente avait été laissée à Dyea pour alléger la charge.
La tienda de campaña había sido abandonada en Dyea para aligerar la carga.
Ils n'avaient pas d'autre choix que d'allumer le feu sur la glace elle-même.
No les quedó más remedio que hacer el fuego sobre el propio hielo.
Ils étendent leurs robes de nuit directement sur le lac gelé.
Extendieron sus batas para dormir directamente sobre el lago helado.
Quelques bâtons de bois flotté leur ont donné un peu de feu.
Unos cuantos palitos de madera flotante les dieron un poco de fuego.
Mais le feu s'est allumé sur la glace et a fondu à travers elle.
Pero el fuego se construyó sobre el hielo y se descongeló a través de él.
Finalement, ils mangeaient leur dîner dans l'obscurité.
Al final, estaban comiendo su cena en la oscuridad.
Buck s'est recroquevillé près du rocher, à l'abri du vent froid.
Buck se acurrucó junto a la roca, protegido del viento frío.
L'endroit était si chaud et sûr que Buck détestait déménager.
El lugar era tan cálido y seguro que Buck odiaba mudarse.

Mais François avait réchauffé le poisson et distribuait les rations.
Pero François había calentado el pescado y estaba repartiendo raciones.
Buck finit de manger rapidement et retourna dans son lit.
Buck terminó de comer rápidamente y regresó a su cama.
Mais Spitz était maintenant allongé là où Buck avait fait son lit.
Pero Spitz ahora estaba acostado donde Buck había hecho su cama.
Un grognement sourd avertit Buck que Spitz refusait de bouger.
Un gruñido bajo advirtió a Buck que Spitz se negaba a moverse.
Jusqu'à présent, Buck avait évité ce combat avec Spitz.
Hasta ahora, Buck había evitado esta pelea con Spitz.
Mais au plus profond de Buck, la bête s'est finalement libérée.
Pero en lo más profundo de Buck la bestia finalmente se liberó.
Le vol de son lieu de couchage était trop difficile à tolérer.
El robo de su lugar para dormir era algo demasiado difícil de tolerar.
Buck se lança sur Spitz, plein de colère et de rage.
Buck se lanzó hacia Spitz, lleno de ira y rabia.
Jusqu'à présent, Spitz pensait que Buck n'était qu'un gros chien.
Hasta ahora Spitz había pensado que Buck era sólo un perro grande.
Il ne pensait pas que Buck avait survécu grâce à son esprit.
No creía que Buck hubiera sobrevivido a través de su espíritu.
Il s'attendait à la peur et à la lâcheté, pas à la fureur et à la vengeance.
Esperaba miedo y cobardía, no furia y venganza.
François regarda les deux chiens sortir du nid en ruine.
François se quedó mirando mientras los dos perros salían del nido en ruinas.

Il comprit immédiatement ce qui avait déclenché cette lutte sauvage.
Comprendió de inmediato lo que había iniciado la salvaje lucha.

« Aa-ah ! » s'écria François en soutien au chien brun.
—¡Ah! —gritó François en apoyo del perro marrón.

« Frappez-le ! Par Dieu, punissez ce voleur sournois ! »
¡Dale una paliza! ¡Por Dios, castiga a ese ladrón astuto!

Spitz a montré une volonté égale et une impatience folle de se battre.
Spitz mostró la misma disposición y un entusiasmo salvaje por luchar.

Il cria de rage tout en tournant rapidement en rond, cherchant une ouverture.
Gritó de rabia mientras giraba rápidamente en busca de una abertura.

Buck a montré la même soif de combat et la même prudence.
Buck mostró el mismo hambre de luchar y la misma cautela.

Il a également encerclé son adversaire, essayant de prendre le dessus dans la bataille.
También rodeó a su oponente, intentando obtener la ventaja en la batalla.

Puis quelque chose d'inattendu s'est produit et a tout changé.
Entonces sucedió algo inesperado y lo cambió todo.

Ce moment a retardé l'éventuelle lutte pour le leadership.
Ese momento retrasó la eventual lucha por el liderazgo.

De nombreux kilomètres de piste et de lutte attendaient encore avant la fin.
Muchos kilómetros de camino y lucha aún nos esperaban antes del final.

Perrault cria un juron tandis qu'une massue frappait un os.
Perrault gritó un juramento cuando un garrote impactó contra el hueso.

Un cri aigu de douleur suivit, puis le chaos explosa tout autour.

Se escuchó un agudo grito de dolor y luego el caos explotó por todas partes.

Des formes sombres se déplaçaient dans le camp ; des huskies sauvages, affamés et féroces.

En el campamento se movían figuras oscuras: perros esquimales salvajes, hambrientos y feroces.

Quatre ou cinq douzaines de huskies avaient reniflé le camp de loin.

Cuatro o cinco docenas de perros esquimales habían olfateado el campamento desde lejos.

Ils s'étaient glissés discrètement pendant que les deux chiens se battaient à proximité.

Se habían colado sigilosamente mientras los dos perros peleaban cerca.

François et Perrault chargèrent en brandissant des massues sur les envahisseurs.

François y Perrault atacaron con garrotes a los invasores.

Les huskies affamés ont montré les dents et ont riposté avec frénésie.

Los perros esquimales hambrientos mostraron los dientes y contraatacaron frenéticamente.

L'odeur de la viande et du pain les avait chassés de toute peur.

El olor a carne y a pan les había hecho perder todo miedo.

Perrault battait un chien qui avait enfoui sa tête dans la boîte à nourriture.

Perrault golpeó a un perro que había enterrado su cabeza en el cajón de comida.

Le coup a été violent et la boîte s'est retournée, la nourriture s'est répandue.

El golpe fue muy fuerte y la caja se volcó, derramándose comida.

En quelques secondes, une vingtaine de bêtes sauvages déchirèrent le pain et la viande.

En cuestión de segundos, una veintena de bestias salvajes destrozaron el pan y la carne.

Les gourdin masculins ont porté coup sur coup, mais aucun chien ne s'est détourné.
Los garrotes de los hombres asestaron golpe tras golpe, pero ningún perro se apartó.
Ils hurlaient de douleur, mais se battaient jusqu'à ce qu'il ne reste plus de nourriture.
Aullaron de dolor, pero lucharon hasta que no quedó comida.
Pendant ce temps, les chiens de traîneau avaient sauté de leurs lits enneigés.
Mientras tanto, los perros de trineo habían saltado de sus camas nevadas.
Ils ont été immédiatement attaqués par les huskies vicieux et affamés.
Fueron atacados instantáneamente por los feroces y hambrientos huskies.
Buck n'avait jamais vu de créatures aussi sauvages et affamées auparavant.
Buck nunca había visto criaturas tan salvajes y hambrientas antes.
Leur peau pendait librement, cachant à peine leur squelette.
Su piel colgaba suelta, ocultando apenas sus esqueletos.
Il y avait un feu dans leurs yeux, de faim et de folie
Había un fuego en sus ojos, de hambre y locura.
Il n'y avait aucun moyen de les arrêter, aucune résistance à leur ruée sauvage.
No había manera de detenerlos, de resistirse a su ataque salvaje.
Les chiens de traîneau furent repoussés, pressés contre la paroi de la falaise.
Los perros de trineo fueron empujados hacia atrás y presionados contra la pared del acantilado.
Trois huskies ont attaqué Buck en même temps, déchirant sa chair.
Tres perros esquimales atacaron a Buck a la vez, desgarrando su carne.
Du sang coulait de sa tête et de ses épaules, là où il avait été coupé.

La sangre le brotaba de la cabeza y de los hombros, donde había recibido el corte.

Le bruit remplissait le camp : grognements, cris et cris de douleur.

El ruido llenó el campamento: gruñidos, aullidos y gritos de dolor.

Billee pleurait fort, comme d'habitude, prise dans la mêlée et la panique.

Billee gritó fuerte, como siempre, atrapada en la pelea y el pánico.

Dave et Solleks se tenaient côte à côte, saignant mais provocants.

Dave y Solleks estaban uno al lado del otro, sangrando pero desafiantes.

Joe s'est battu comme un démon, mordant tout ce qui s'approchait.

Joe peleó como un demonio, mordiendo todo lo que se acercaba.

Il a écrasé la jambe d'un husky d'un claquement brutal de ses mâchoires.

Aplastó la pata de un husky con un brutal chasquido de sus mandíbulas.

Pike a sauté sur le husky blessé et lui a brisé le cou instantanément.

Pike saltó sobre el husky herido y le rompió el cuello instantáneamente.

Buck a attrapé un husky par la gorge et lui a déchiré la veine.

Buck agarró a un husky por el cuello y le arrancó la vena.

Le sang gicla et le goût chaud poussa Buck dans une frénésie.

La sangre salpicó y el sabor cálido llevó a Buck al frenesí.

Il s'est jeté sur un autre agresseur sans hésitation.

Se abalanzó sobre otro atacante sin dudarlo.

Au même moment, des dents acérées s'enfoncèrent dans la gorge de Buck.

En ese mismo momento, unos dientes afilados se clavaron en la garganta de Buck.

Spitz avait frappé de côté, attaquant sans avertissement.
Spitz había atacado desde un costado, sin previo aviso.
Perrault et François avaient vaincu les chiens en volant la nourriture.
Perrault y François habían derrotado a los perros robando la comida.
Ils se sont alors précipités pour aider leurs chiens à repousser les attaquants.
Ahora se apresuraron a ayudar a sus perros a luchar contra los atacantes.
Les chiens affamés se retirèrent tandis que les hommes brandissaient leurs gourdins.
Los perros hambrientos se retiraron mientras los hombres blandían sus garrotes.
Buck s'est libéré de l'attaque, mais l'évasion a été brève.
Buck se liberó del ataque, pero el escape fue breve.
Les hommes ont couru pour sauver leurs chiens, et les huskies ont de nouveau afflué.
Los hombres corrieron a salvar a sus perros, y los huskies volvieron a atacarlos.
Billee, effrayé et courageux, sauta dans la meute de chiens.
Billee, aterrorizado y valiente, saltó hacia la jauría de perros.
Mais il s'est alors enfui sur la glace, saisi de terreur et de panique.
Pero luego huyó a través del hielo, presa del terror y el pánico.
Pike et Dub suivaient de près, courant pour sauver leur vie.
Pike y Dub los siguieron de cerca, corriendo para salvar sus vidas.
Le reste de l'équipe s'est séparé et dispersé, les suivant.
El resto del equipo se separó y se dispersó, siguiéndolos.
Buck rassembla ses forces pour courir, mais vit alors un éclair.
Buck reunió sus fuerzas para correr, pero entonces vio un destello.
Spitz s'est jeté sur le côté de Buck, essayant de le faire tomber au sol.

Spitz se abalanzó sobre el costado de Buck, intentando derribarlo al suelo.

Sous cette foule de huskies, Buck n'aurait eu aucune échappatoire.

Bajo esa turba de perros esquimales, Buck no habría tenido escapatoria.

Mais Buck est resté ferme et s'est préparé au coup de Spitz.

Pero Buck se mantuvo firme y se preparó para el golpe de Spitz.

Puis il s'est retourné et a couru sur la glace avec l'équipe en fuite.

Luego se dio la vuelta y salió corriendo al hielo con el equipo que huía.

Plus tard, les neuf chiens de traîneau se sont rassemblés à l'abri des bois.

Más tarde, los nueve perros de trineo se reunieron al abrigo del bosque.

Personne ne les poursuivait plus, mais ils étaient battus et blessés.

Ya nadie los perseguía, pero estaban maltratados y heridos.

Chaque chien avait des blessures ; quatre ou cinq coupures profondes sur chaque corps.

Cada perro tenía heridas: cuatro o cinco cortes profundos en cada cuerpo.

Dub avait une patte arrière blessée et avait du mal à marcher maintenant.

Dub tenía una pata trasera herida y ahora le costaba caminar.

Dolly, le nouveau chien de Dyea, avait la gorge tranchée.

Dolly, la perrita más nueva de Dyea, tenía la garganta cortada.

Joe avait perdu un œil et l'oreille de Billee était coupée en morceaux

Joe había perdido un ojo y la oreja de Billee estaba cortada en pedazos.

Tous les chiens ont crié de douleur et de défaite toute la nuit.

Todos los perros lloraron de dolor y derrota durante toda la noche.
À l'aube, ils retournèrent au camp, endoloris et brisés.
Al amanecer regresaron al campamento doloridos y destrozados.
Les huskies avaient disparu, mais le mal était fait.
Los perros esquimales habían desaparecido, pero el daño ya estaba hecho.
Perrault et François étaient de mauvaise humeur à cause de la ruine.
Perrault y François estaban de mal humor ante las ruinas.
La moitié de la nourriture avait disparu, volée par les voleurs affamés.
La mitad de la comida había desaparecido, robada por los ladrones hambrientos.
Les huskies avaient déchiré les fixations et la toile du traîneau.
Los perros esquimales habían destrozado las ataduras y la lona del trineo.
Tout ce qui avait une odeur de nourriture avait été complètement dévoré.
Todo lo que tenía olor a comida había sido devorado por completo.
Ils ont mangé une paire de bottes de voyage en peau d'élan de Perrault.
Se comieron un par de botas de viaje de piel de alce de Perrault.
Ils ont mâché des reis en cuir et ruiné des sangles au point de les rendre inutilisables.
Masticaban correas de cuero y arruinaban las correas hasta dejarlas inservibles.
François cessa de fixer le fouet déchiré pour vérifier les chiens.
François dejó de mirar el látigo roto para revisar a los perros.
« Ah, mes amis », dit-il d'une voix basse et pleine d'inquiétude.
—Ah, amigos míos —dijo en voz baja y llena de preocupación.

« Peut-être que toutes ces morsures vous transformeront en bêtes folles. »
"Tal vez todas estas mordeduras os conviertan en bestias locas."
« Peut-être que ce sont tous des chiens enragés, sacredam ! Qu'en penses-tu, Perrault ? »
—¡Quizás todos sean perros rabiosos, sacredam! ¿Qué opinas, Perrault?
Perrault secoua la tête, les yeux sombres d'inquiétude et de peur.
Perrault meneó la cabeza; sus ojos estaban oscuros por la preocupación y el miedo.
Il y avait encore quatre cents milles entre eux et Dawson.
Todavía había cuatrocientas millas entre ellos y Dawson.
La folie canine pourrait désormais détruire toute chance de survie.
La locura canina ahora podría destruir cualquier posibilidad de supervivencia.
Ils ont passé deux heures à jurer et à essayer de réparer le matériel.
Pasaron dos horas maldiciendo y tratando de arreglar el engranaje.
L'équipe blessée a finalement quitté le camp, brisée et vaincue.
El equipo herido finalmente abandonó el campamento, destrozado y derrotado.
C'était le sentier le plus difficile jusqu'à présent, et chaque pas était douloureux.
Éste fue el camino más difícil hasta ahora y cada paso era doloroso.
La rivière Thirty Mile n'était pas gelée et coulait à flots.
El río Treinta Millas no se había congelado y su caudal corría con fuerza.
Ce n'est que dans les endroits calmes et les tourbillons que la glace parvenait à tenir.
Sólo en los lugares tranquilos y en los remolinos el hielo logró retenerse.

Six jours de dur labeur se sont écoulés jusqu'à ce que les trente milles soient parcourus.
Pasaron seis días de duro trabajo hasta recorrer las treinta millas.
Chaque kilomètre parcouru sur le sentier apportait du danger et une menace de mort.
Cada kilómetro del camino traía consigo peligro y amenaza de muerte.
Les hommes et les chiens risquaient leur vie à chaque pas douloureux.
Los hombres y los perros arriesgaban sus vidas con cada doloroso paso.
Perrault a franchi des ponts de glace minces à une douzaine de reprises.
Perrault rompió delgados puentes de hielo una docena de veces diferentes.
Il portait une perche et la laissait tomber sur le trou que son corps avait fait.
Llevó un palo y lo dejó caer sobre el agujero que había hecho su cuerpo.
Plus d'une fois, ce poteau a sauvé Perrault de la noyade.
Más de una vez ese palo salvó a Perrault de ahogarse.
La vague de froid persistait, l'air était à cinquante degrés en dessous de zéro.
La ola de frío se mantuvo firme y el aire estaba a cincuenta grados bajo cero.
Chaque fois qu'il tombait, Perrault devait allumer un feu pour survivre.
Cada vez que se caía, Perrault tenía que encender un fuego para sobrevivir.
Les vêtements mouillés gelaient rapidement, alors il les séchait près d'une source de chaleur intense.
La ropa mojada se congelaba rápidamente, por lo que la secaba cerca del calor abrasador.
Aucune peur n'a jamais touché Perrault, et cela a fait de lui un courrier.

Ningún miedo afectó jamás a Perrault, y eso lo convirtió en mensajero.
Il a été choisi pour le danger, et il l'a affronté avec une résolution tranquille.
Fue elegido para el peligro y lo afrontó con tranquila resolución.
Il s'avança face au vent, son visage ratatiné et gelé.
Avanzó contra el viento, con el rostro arrugado y congelado.
De l'aube naissante à la tombée de la nuit, Perrault les mena en avant.
Desde el amanecer hasta el anochecer, Perrault los condujo hacia adelante.
Il marchait sur une étroite bordure de glace qui se fissurait à chaque pas.
Caminó sobre un estrecho borde de hielo que se agrietaba con cada paso.
Ils n'osaient pas s'arrêter : chaque pause risquait de provoquer un effondrement mortel.
No se atrevieron a detenerse: cada pausa suponía el riesgo de un colapso mortal.
Un jour, le traîneau s'est brisé, entraînant Dave et Buck à l'intérieur.
Una vez, el trineo se abrió paso y arrastró a Dave y Buck.
Au moment où ils ont été libérés, tous deux étaient presque gelés.
Cuando los liberaron, ambos estaban casi congelados.
Les hommes ont rapidement allumé un feu pour garder Buck et Dave en vie.
Los hombres hicieron un fuego rápidamente para mantener con vida a Buck y Dave.
Les chiens étaient recouverts de glace du nez à la queue, raides comme du bois sculpté.
Los perros estaban cubiertos de hielo desde la nariz hasta la cola, rígidos como madera tallada.
Les hommes les faisaient courir en rond près du feu pour décongeler leurs corps.

Los hombres los hicieron correr en círculos cerca del fuego para descongelar sus cuerpos.
Ils se sont approchés si près des flammes que leur fourrure a été brûlée.
Se acercaron tanto a las llamas que su pelaje se quemó.
Spitz a ensuite brisé la glace, entraînant l'équipe derrière lui.
Luego Spitz rompió el hielo y arrastró al equipo detrás de él.
La cassure s'est étendue jusqu'à l'endroit où Buck tirait.
La ruptura llegó hasta donde Buck estaba tirando.
Buck se pencha en arrière, ses pattes glissant et tremblant sur le bord.
Buck se reclinó con fuerza hacia atrás, sus patas resbalaron y temblaron en el borde.
Dave a également tendu vers l'arrière, juste derrière Buck sur la ligne.
Dave también se esforzó hacia atrás, justo detrás de Buck en la línea.
François tirait sur le traîneau, ses muscles craquant sous l'effort.
François tiró del trineo; sus músculos crujían por el esfuerzo.
Une autre fois, la glace du bord s'est fissurée devant et derrière le traîneau.
En otra ocasión, el borde del hielo se agrietó delante y detrás del trineo.
Ils n'avaient d'autre issue que d'escalader une paroi rocheuse gelée.
No tenían otra salida que escalar una pared del acantilado congelado.
Perrault a réussi à escalader le mur, mais un miracle l'a maintenu en vie.
De alguna manera Perrault logró escalar el muro; un milagro lo mantuvo con vida.
François resta en bas, priant pour avoir le même genre de chance.
François se quedó abajo, rezando por tener la misma suerte.
Ils ont attaché chaque sangle, chaque amarrage et chaque traçage en une seule longue corde.

Ataron todas las correas, amarres y tirantes hasta formar una cuerda larga.
Les hommes ont hissé chaque chien, un par un, jusqu'au sommet.
Los hombres subieron cada perro, uno a uno, hasta la cima.
François est monté en dernier, après le traîneau et toute la charge.
François subió el último, después del trineo y toda la carga.
Commença alors une longue recherche d'un chemin pour descendre des falaises.
Entonces comenzó una larga búsqueda de un camino para bajar de los acantilados.
Ils sont finalement descendus en utilisant la même corde qu'ils avaient fabriquée.
Finalmente descendieron usando la misma cuerda que habían hecho.
La nuit tombait alors qu'ils retournaient au lit de la rivière, épuisés et endoloris.
La noche cayó cuando regresaron al lecho del río, exhaustos y doloridos.
La journée entière ne leur avait permis de gagner qu'un quart de mile.
El día completo les había proporcionado sólo un cuarto de milla de ganancia.
Au moment où ils atteignirent le Hootalinqua, Buck était épuisé.
Cuando llegaron a Hootalinqua, Buck estaba agotado.
Les autres chiens ont tout autant souffert des conditions du sentier.
Los demás perros sufrieron igual de mal las condiciones del sendero.
Mais Perrault avait besoin de récupérer du temps et les poussait chaque jour.
Pero Perrault necesitaba recuperar tiempo y los presionaba cada día.
Le premier jour, ils ont parcouru trente miles jusqu'à Big Salmon.

El primer día viajaron treinta millas hasta Big Salmon.
Le lendemain, ils parcoururent trente-cinq milles jusqu'à Little Salmon.
Al día siguiente viajaron treinta y cinco millas hasta Little Salmon.
Le troisième jour, ils ont parcouru quarante longs kilomètres gelés.
Al tercer día avanzaron a través de cuarenta largas y heladas millas.
À ce moment-là, ils approchaient de la colonie de Five Fingers.
Para entonces, se estaban acercando al asentamiento de Five Fingers.

Les pieds de Buck étaient plus doux que les pieds durs des huskies indigènes.
Los pies de Buck eran más suaves que los duros pies de los huskies nativos.
Ses pattes étaient devenues plus fragiles au fil des générations civilisées.
Sus patas se habían vuelto tiernas a lo largo de muchas generaciones civilizadas.
Il y a longtemps, ses ancêtres avaient été apprivoisés par des hommes de la rivière ou des chasseurs.
Hace mucho tiempo, sus antepasados habían sido domesticados por hombres del río o cazadores.
Chaque jour, Buck boitait de douleur, marchant sur des pattes à vif et douloureuses.
Todos los días Buck cojeaba de dolor, caminando sobre sus patas doloridas y en carne viva.
Au camp, Buck tomba comme une forme sans vie sur la neige.
En el campamento, Buck cayó como un cuerpo sin vida sobre la nieve.
Bien qu'affamé, Buck ne s'est pas levé pour manger son repas du soir.

Aunque estaba hambriento, Buck no se levantó a comer su cena.
François apporta sa ration à Buck, en déposant du poisson près de son museau.
François le trajo a Buck su ración, poniendo pescado junto a su hocico.
Chaque nuit, le chauffeur frottait les pieds de Buck pendant une demi-heure.
Cada noche, el conductor frotaba los pies de Buck durante media hora.
François a même découpé ses propres mocassins pour en faire des chaussures pour chiens.
François incluso cortó sus propios mocasines para hacer calzado para perros.
Quatre chaussures chaudes ont apporté à Buck un grand et bienvenu soulagement.
Cuatro zapatos cálidos le dieron a Buck un gran y bienvenido alivio.
Un matin, François oublia ses chaussures et Buck refusa de se lever.
Una mañana, François olvidó los zapatos y Buck se negó a levantarse.
Buck était allongé sur le dos, les pieds en l'air, les agitant pitoyablement.
Buck yacía de espaldas, con los pies en el aire, agitándolos lastimeramente.
Même Perrault sourit à la vue de l'appel dramatique de Buck.
Incluso Perrault sonrió al ver la dramática súplica de Buck.
Bientôt, les pieds de Buck devinrent durs et les chaussures purent être jetées.
Pronto los pies de Buck se endurecieron y los zapatos pudieron desecharse.
À Pelly, pendant le temps du harnais, Dolly laissait échapper un hurlement épouvantable.
En Pelly, durante el periodo de uso del arnés, Dolly emitió un aullido terrible.

Le cri était long et rempli de folie, secouant chaque chien.
El grito fue largo y lleno de locura, sacudiendo a todos los perros.
Chaque chien se hérissait de peur sans en connaître la raison.
Cada perro se erizaba de miedo sin saber el motivo.
Dolly était devenue folle et s'était jetée directement sur Buck.
Dolly se volvió loca y se arrojó directamente hacia Buck.
Buck n'avait jamais vu la folie, mais l'horreur remplissait son cœur.
Buck nunca había visto la locura, pero el horror llenó su corazón.
Sans réfléchir, il se retourna et s'enfuit, complètement paniqué.
Sin pensarlo, se dio la vuelta y huyó presa del pánico absoluto.
Dolly le poursuivit, les yeux fous, la salive s'échappant de ses mâchoires.
Dolly lo persiguió con los ojos desorbitados y la saliva saliendo de sus mandíbulas.
Elle est restée juste derrière Buck, sans jamais gagner ni reculer.
Ella se mantuvo justo detrás de Buck, sin ganar terreno ni quedarse atrás.
Buck courut à travers les bois, le long de l'île, sur de la glace déchiquetée.
Buck corrió a través del bosque, bajó por la isla y cruzó el hielo irregular.
Il traversa vers une île, puis une autre, revenant vers la rivière.
Cruzó hacia una isla, luego hacia otra, dando la vuelta nuevamente hasta el río.
Dolly le poursuivait toujours, son grognement le suivant de près à chaque pas.
Aún así Dolly lo persiguió, con su gruñido detrás de cada paso.

Buck pouvait entendre son souffle et sa rage, même s'il n'osait pas regarder en arrière.
Buck podía oír su respiración y su rabia, aunque no se atrevía a mirar atrás.
François cria de loin, et Buck se tourna vers la voix.
François gritó desde lejos y Buck se giró hacia la voz.
Encore à bout de souffle, Buck courut, plaçant tout espoir en François.
Todavía jadeando en busca de aire, Buck pasó corriendo, poniendo toda su esperanza en François.
Le conducteur du chien leva une hache et attendit que Buck passe à toute vitesse.
El conductor del perro levantó un hacha y esperó mientras Buck pasaba volando.
La hache s'abattit rapidement et frappa la tête de Dolly avec une force mortelle.
El hacha cayó rápidamente y golpeó la cabeza de Dolly con una fuerza mortal.
Buck s'est effondré près du traîneau, essoufflé et incapable de bouger.
Buck se desplomó cerca del trineo, jadeando e incapaz de moverse.
Ce moment a donné à Spitz l'occasion de frapper un ennemi épuisé.
Ese momento le dio a Spitz la oportunidad de golpear a un enemigo exhausto.
Il a mordu Buck à deux reprises, déchirant la chair jusqu'à l'os blanc.
Mordió a Buck dos veces, desgarrando la carne hasta el hueso blanco.
Le fouet de François claqua, frappant Spitz avec toute sa force et sa fureur.
El látigo de François hizo chasquear el látigo y golpeó a Spitz con toda su fuerza y furia.
Buck regarda avec joie Spitz recevoir sa raclée la plus dure jusqu'à présent.

Buck observó con alegría cómo Spitz recibía la paliza más dura que había recibido hasta entonces.

« C'est un diable, ce Spitz », murmura sombrement Perrault pour lui-même.

"Es un demonio ese Spitz", murmuró Perrault para sí mismo.

« Un jour prochain, ce maudit chien tuera Buck, je le jure. »

"Algún día, ese maldito perro matará a Buck, lo juro".

« Ce Buck a deux démons en lui », répondit François en hochant la tête.

—Ese Buck tiene dos demonios dentro —respondió François asintiendo.

« Quand je regarde Buck, je sais que quelque chose de féroce l'attend. »

"Cuando veo a Buck, sé que algo feroz le aguarda dentro".

« Un jour, il deviendra fou comme le feu et mettra Spitz en pièces. »

"Un día se pondrá furioso y destrozará a Spitz".

« Il va mâcher ce chien et le recracher sur la neige gelée. »

"Masticará a ese perro y lo escupirá en la nieve congelada".

« Bien sûr que non, je le sais au plus profond de moi. »

"Estoy seguro de que lo sé en lo más profundo de mi ser".

À partir de ce moment-là, les deux chiens étaient engagés dans une guerre.

A partir de ese momento los dos perros quedaron en guerra.

Spitz a dirigé l'équipe et a conservé le pouvoir, mais Buck a contesté cela.

Spitz lideró al equipo y mantuvo el poder, pero Buck lo desafió.

Spitz a vu son rang menacé par cet étrange étranger du Sud.

Spitz vio su rango amenazado por este extraño extraño de Southland.

Buck ne ressemblait à aucun autre chien du sud que Spitz avait connu auparavant.

Buck no se parecía a ningún otro perro sureño que Spitz hubiera conocido antes.

La plupart d'entre eux ont échoué, trop faibles pour survivre au froid et à la faim.

La mayoría de ellos fracasaron: eran demasiado débiles para sobrevivir al frío y al hambre.
Ils sont morts rapidement à cause du travail, du gel et de la lenteur de la famine.
Murieron rápidamente bajo el trabajo, las heladas y el lento ardor del hambre.
Buck se démarquait : plus fort, plus intelligent et plus sauvage chaque jour.
Buck se destacó: cada día más fuerte, más inteligente y más salvaje.
Il a prospéré dans les difficultés, grandissant jusqu'à égaler les huskies du Nord.
Prosperó a pesar de las dificultades y creció hasta alcanzar el nivel de los perros esquimales del norte.
Buck avait de la force, une habileté sauvage et un instinct patient et mortel.
Buck tenía fuerza, habilidad salvaje y un instinto paciente y mortal.
L'homme avec la massue avait fait perdre à Buck toute témérité.
El hombre con el garrote había golpeado la temeridad de Buck.
La fureur aveugle avait disparu, remplacée par une ruse silencieuse et un contrôle.
La furia ciega desapareció y fue reemplazada por una astucia silenciosa y control.
Il attendait, calme et primitif, guettant le bon moment.
Esperó, tranquilo y primario, observando el momento adecuado.
Leur lutte pour le commandement est devenue inévitable et claire.
Su lucha por el mando se hizo inevitable y clara.
Buck désirait être un leader parce que son esprit l'exigeait.
Buck deseaba el liderazgo porque su espíritu lo exigía.
Il était poussé par l'étrange fierté née du sentier et du harnais.

Lo impulsaba el extraño orgullo nacido del camino y del arnés.

Cette fierté a poussé les chiens à tirer jusqu'à ce qu'ils s'effondrent sur la neige.

Ese orgullo hizo que los perros tiraran hasta caer sobre la nieve.

L'orgueil les a poussés à donner toute la force qu'ils avaient.

El orgullo los llevó a dar toda la fuerza que tenían.

L'orgueil peut attirer un chien de traîneau jusqu'à la mort.

El orgullo puede atraer a un perro de trineo incluso hasta el punto de la muerte.

La perte du harnais a laissé les chiens brisés et sans but.

La pérdida del arnés dejó a los perros rotos y sin propósito.

Le cœur d'un chien de traîneau peut être brisé par la honte lorsqu'il prend sa retraite.

El corazón de un perro de trineo puede quedar aplastado por la vergüenza cuando se retira.

Dave vivait avec cette fierté alors qu'il tirait le traîneau par derrière.

Dave vivió con ese orgullo mientras arrastraba el trineo desde atrás.

Solleks, lui aussi, a tout donné avec une force et une loyauté redoutables.

Solleks también lo dio todo con fuerza y lealtad.

Chaque matin, l'orgueil les faisait passer de l'amertume à la détermination.

Cada mañana, el orgullo los transformaba de amargados a decididos.

Ils ont poussé toute la journée, puis sont restés silencieux à la fin du camp.

Empujaron todo el día y luego se quedaron en silencio al final del campamento.

Cette fierté a donné à Spitz la force de battre les tire-au-flanc.

Ese orgullo le dio a Spitz la fuerza para poner a raya a los evasores.

Spitz craignait Buck parce que Buck portait cette même fierté profonde.
Spitz temía a Buck porque Buck tenía ese mismo orgullo profundo.
L'orgueil de Buck s'est alors retourné contre Spitz, et il ne s'est pas arrêté.
El orgullo de Buck ahora se agitó contra Spitz, y no se detuvo.
Buck a défié le pouvoir de Spitz et l'a empêché de punir les chiens.
Buck desafió el poder de Spitz y le impidió castigar a los perros.
Lorsque les autres échouaient, Buck s'interposait entre eux et leur chef.
Cuando otros fallaron, Buck se interpuso entre ellos y su líder.
Il l'a fait intentionnellement, en rendant son défi ouvert et clair.
Lo hizo con intención, dejando claro y abierto su desafío.
Une nuit, une forte neige a recouvert le monde d'un profond silence.
Una noche, una fuerte nevada cubrió el mundo con un profundo silencio.
Le lendemain matin, Pike, paresseux comme toujours, ne se leva pas pour aller travailler.
A la mañana siguiente, Pike, perezoso como siempre, no se levantó para ir a trabajar.
Il est resté caché dans son nid sous une épaisse couche de neige.
Se quedó escondido en su nido bajo una gruesa capa de nieve.
François a appelé et cherché, mais n'a pas pu trouver le chien.
François gritó y buscó, pero no pudo encontrar al perro.
Spitz devint furieux et se précipita à travers le camp couvert de neige.
Spitz se puso furioso y atravesó furioso el campamento cubierto de nieve.
Il grogna et renifla, creusant frénétiquement avec des yeux flamboyants.

Gruñó y olfateó, cavando frenéticamente con ojos llameantes.
Sa rage était si féroce que Pike tremblait sous la neige de peur.
Su rabia era tan feroz que Pike tembló de miedo bajo la nieve.
Lorsque Pike fut finalement retrouvé, Spitz se précipita pour punir le chien qui se cachait.
Cuando finalmente encontraron a Pike, Spitz se abalanzó sobre él para castigar al perro que estaba escondido.
Mais Buck s'est précipité entre eux avec une fureur égale à celle de Spitz.
Pero Buck saltó entre ellos con una furia igual a la de Spitz.
L'attaque fut si soudaine et intelligente que Spitz tomba.
El ataque fue tan repentino e inteligente que Spitz cayó al suelo.
Pike, qui tremblait, puisa du courage dans ce défi.
Pike, que estaba temblando, se animó ante este desafío.
Il sauta sur le Spitz tombé, suivant l'exemple audacieux de Buck.
Saltó sobre el Spitz caído, siguiendo el audaz ejemplo de Buck.
Buck, n'étant plus tenu par l'équité, a rejoint la grève contre Spitz.
Buck, que ya no estaba obligado por la justicia, se unió a la huelga de Spitz.
François, amusé mais ferme dans sa discipline, balançait son lourd fouet.
François, divertido pero firme en su disciplina, blandió su pesado látigo.
Il frappa Buck de toutes ses forces pour mettre fin au combat.
Golpeó a Buck con todas sus fuerzas para acabar con la pelea.
Buck a refusé de bouger et est resté au sommet du chef tombé.
Buck se negó a moverse y se quedó encima del líder caído.
François a ensuite utilisé le manche du fouet, frappant Buck durement.
François entonces utilizó el mango del látigo y golpeó con fuerza a Buck.

Titubant sous le coup, Buck recula sous l'assaut.
Tambaleándose por el golpe, Buck cayó hacia atrás bajo el asalto.
François frappait encore et encore tandis que Spitz punissait Pike.
François golpeó una y otra vez mientras Spitz castigaba a Pike.

Les jours passèrent et Dawson City se rapprocha de plus en plus.
Pasaron los días y Dawson City estaba cada vez más cerca.
Buck n'arrêtait pas d'intervenir, se glissant entre le Spitz et les autres chiens.
Buck seguía interfiriendo, interponiéndose entre Spitz y otros perros.
Il choisissait bien ses moments, attendant toujours que François parte.
Elegía bien sus momentos, esperando siempre que François se marchase.
La rébellion silencieuse de Buck s'est propagée et le désordre a pris racine dans l'équipe.
La rebelión silenciosa de Buck se extendió y el desorden se arraigó en el equipo.
Dave et Solleks sont restés fidèles, mais d'autres sont devenus indisciplinés.
Dave y Solleks se mantuvieron leales, pero otros se volvieron rebeldes.
L'équipe est devenue de plus en plus agitée, querelleuse et hors de propos.
El equipo empeoró: se volvió inquieto, pendenciero y fuera de lugar.
Plus rien ne fonctionnait correctement et les bagarres devenaient courantes.
Ya nada funcionaba con fluidez y las peleas se volvieron algo habitual.
Buck est resté au cœur des troubles, provoquant toujours des troubles.

Buck permaneció en el corazón del problema, provocando siempre malestar.

François restait vigilant, effrayé par le combat entre Buck et Spitz.

François se mantuvo alerta, temeroso de la pelea entre Buck y Spitz.

Chaque nuit, des bagarres le réveillaient, craignant que le commencement n'arrive enfin.

Cada noche, las peleas lo despertaban, temiendo que finalmente llegara el comienzo.

Il sauta de sa robe, prêt à mettre fin au combat.

Saltó de su túnica, dispuesto a detener la pelea.

Mais le moment n'arriva jamais et ils atteignirent finalement Dawson.

Pero el momento nunca llegó y finalmente llegaron a Dawson.

L'équipe est entrée dans la ville un après-midi sombre, tendu et calme.

El equipo entró en la ciudad una tarde sombría, tensa y silenciosa.

La grande bataille pour le leadership était encore en suspens dans l'air glacial.

La gran batalla por el liderazgo todavía estaba suspendida en el aire.

Dawson était rempli d'hommes et de chiens de traîneau, tous occupés à travailler.

Dawson estaba lleno de hombres y perros de trineo, todos ocupados con el trabajo.

Buck regardait les chiens tirer des charges du matin au soir.

Buck observó a los perros tirar cargas desde la mañana hasta la noche.

Ils transportaient des bûches et du bois de chauffage et acheminaient des fournitures vers les mines.

Transportaban troncos y leña y transportaban suministros a las minas.

Là où les chevaux travaillaient autrefois dans le Southland, les chiens travaillent désormais.

Donde antes trabajaban los caballos en las tierras del sur, ahora trabajaban los perros.
Buck a vu quelques chiens du Sud, mais la plupart étaient des huskies ressemblant à des loups.
Buck vio algunos perros del sur, pero la mayoría eran huskies parecidos a lobos.
La nuit, comme une horloge, les chiens élevaient la voix pour chanter.
Por la noche, como un reloj, los perros alzaban sus voces cantando.
À neuf heures, à minuit et à nouveau à trois heures, les chants ont commencé.
A las nueve, a las doce y de nuevo a las tres, empezó el canto.
Buck aimait se joindre à leur chant étrange, au son sauvage et ancien.
A Buck le encantaba unirse a su canto misterioso, de sonido salvaje y antiguo.
Les aurores boréales flamboyaient, les étoiles dansaient et la neige recouvrait le pays.
La aurora llameó, las estrellas bailaron y la nieve cubrió la tierra.
Le chant des chiens s'éleva comme un cri contre le silence et le froid glacial.
El canto de los perros se elevó como un grito contra el silencio y el frío intenso.
Mais leur hurlement contenait de la tristesse, et non du défi, dans chaque longue note.
Pero su aullido contenía tristeza, no desafío, en cada larga nota.
Chaque cri plaintif était plein de supplications, le fardeau de la vie elle-même.
Cada grito lamentable estaba lleno de súplica: el peso de la vida misma.
Cette chanson était vieille, plus vieille que les villes et plus vieille que les incendies.
Esa canción era vieja, más vieja que las ciudades y más vieja que los incendios.

Cette chanson était encore plus ancienne que les voix des hommes.
Aquella canción era más antigua incluso que las voces de los hombres.
C'était une chanson du monde des jeunes, quand toutes les chansons étaient tristes.
Era una canción del mundo joven, cuando todas las canciones eran tristes.
La chanson portait la tristesse d'innombrables générations de chiens.
La canción transportaba el dolor de incontables generaciones de perros.
Buck ressentait profondément la mélodie, gémissant de douleur enracinée dans les âges.
Buck sintió la melodía profundamente, gimiendo por un dolor arraigado en los siglos.
Il sanglotait d'un chagrin aussi vieux que le sang sauvage dans ses veines.
Sollozaba por un dolor tan antiguo como la sangre salvaje en sus venas.
Le froid, l'obscurité et le mystère ont touché l'âme de Buck.
El frío, la oscuridad y el misterio tocaron el alma de Buck.
Cette chanson prouvait à quel point Buck était revenu à ses origines.
Esa canción demostró hasta qué punto Buck había regresado a sus orígenes.
À travers la neige et les hurlements, il avait trouvé le début de sa propre vie.
Entre la nieve y los aullidos había encontrado el comienzo de su propia vida.

Sept jours après leur arrivée à Dawson, ils repartent.
Siete días después de llegar a Dawson, partieron nuevamente.
L'équipe est descendue de la caserne jusqu'au sentier du Yukon.
El equipo descendió del cuartel hasta el sendero Yukon.

Ils ont commencé le voyage de retour vers Dyea et Salt Water.
Comenzaron el viaje de regreso hacia Dyea y Salt Water.
Perrault portait des dépêches encore plus urgentes qu'auparavant.
Perrault llevaba despachos aún más urgentes que antes.
Il était également saisi par la fierté du sentier et avait pour objectif d'établir un record.
También se sintió dominado por el orgullo por el sendero y se propuso establecer un récord.
Cette fois, plusieurs avantages étaient du côté de Perrault.
Esta vez, varias ventajas estaban del lado de Perrault.
Les chiens s'étaient reposés pendant une semaine entière et avaient repris des forces.
Los perros habían descansado durante una semana entera y recuperaron su fuerza.
Le sentier qu'ils avaient ouvert était maintenant damé par d'autres.
El camino que ellos habían abierto ahora estaba compactado por otros.
À certains endroits, la police avait stocké de la nourriture pour les chiens et les hommes.
En algunos lugares, la policía había almacenado comida tanto para perros como para hombres.
Perrault voyageait léger, se déplaçait rapidement et n'avait pas grand-chose pour l'alourdir.
Perrault viajaba ligero, moviéndose rápido y con poco que lo pesara.
Ils ont atteint Sixty-Mile, une course de cinquante milles, dès la première nuit.
Llegaron a Sixty-Mile, un recorrido de cincuenta millas, en la primera noche.
Le deuxième jour, ils se sont précipités sur le Yukon en direction de Pelly.
El segundo día, se apresuraron a subir por el Yukón hacia Pelly.

Mais ces beaux progrès ont été accompagnés de beaucoup de difficultés pour François.
Pero estos grandes avances implicaron un gran esfuerzo para François.

La rébellion silencieuse de Buck avait brisé la discipline de l'équipe.
La rebelión silenciosa de Buck había destrozado la disciplina del equipo.

Ils ne se rassemblaient plus comme une seule bête dans les rênes.
Ya no tiraban juntos como una sola bestia bajo las riendas.

Buck avait conduit d'autres personnes à la défiance par son exemple audacieux.
Buck había llevado a otros al desafío mediante su valiente ejemplo.

L'ordre de Spitz n'a plus été accueilli avec crainte ou respect.
La orden de Spitz ya no fue recibida con miedo ni respeto.

Les autres ont perdu leur respect pour lui et ont osé résister à son règne.
Los demás perdieron el respeto que le tenían y se atrevieron a resistirse a su gobierno.

Une nuit, Pike a volé la moitié d'un poisson et l'a mangé sous les yeux de Buck.
Una noche, Pike robó medio pescado y se lo comió bajo la mirada de Buck.

Une autre nuit, Dub et Joe se sont battus contre Spitz et sont restés impunis.
Otra noche, Dub y Joe pelearon contra Spitz y quedaron impunes.

Même Billee gémissait moins doucement et montrait une nouvelle vivacité.
Incluso Billee se quejó con menos dulzura y mostró una nueva agudeza.

Buck grognait sur Spitz à chaque fois qu'ils se croisaient.
Buck le gruñó a Spitz cada vez que se cruzaban.

L'attitude de Buck devint audacieuse et menaçante, presque comme celle d'un tyran.

La actitud de Buck se volvió audaz y amenazante, casi como la de un matón.

Il marchait devant Spitz avec une démarche assurée, pleine de menace moqueuse.

Caminó delante de Spitz con arrogancia, lleno de amenaza burlona.

Cet effondrement de l'ordre s'est également propagé parmi les chiens de traîneau.

Ese colapso del orden se extendió también entre los perros de trineo.

Ils se battaient et se disputaient plus que jamais, remplissant le camp de bruit.

Pelearon y discutieron más que nunca, llenando el campamento de ruido.

La vie au camp se transformait chaque nuit en un chaos sauvage et hurlant.

La vida en el campamento se convertía cada noche en un caos salvaje y aullante.

Seuls Dave et Solleks sont restés stables et concentrés.

Sólo Dave y Solleks permanecieron firmes y concentrados.

Mais même eux sont devenus colériques à cause des bagarres incessantes.

Pero incluso ellos se enojaron por las peleas constantes.

François jurait dans des langues étranges et piétinait de frustration.

François maldijo en lenguas extrañas y pisoteó con frustración.

Il s'arrachait les cheveux et criait tandis que la neige volait sous ses pieds.

Se tiró del pelo y gritó mientras la nieve volaba bajo sus pies.

Son fouet claqua sur le groupe, mais parvint à peine à les maintenir en ligne.

Su látigo azotó a la manada, pero apenas logró mantenerlos bajo control.

Chaque fois qu'il tournait le dos, les combats reprenaient.

Cada vez que él le daba la espalda, la lucha estallaba de nuevo.

François a utilisé le fouet pour Spitz, tandis que Buck a dirigé les rebelles.
François utilizó el látigo para azotar a Spitz, mientras Buck lideraba a los rebeldes.

Chacun connaissait le rôle de l'autre, mais Buck évitait tout blâme.
Cada uno conocía el papel del otro, pero Buck evitó cualquier culpa.

François n'a jamais surpris Buck en train de provoquer une bagarre ou de se dérober à son travail.
François nunca sorprendió a Buck iniciando una pelea o eludiendo su trabajo.

Buck travaillait dur sous le harnais – le travail lui faisait désormais vibrer l'esprit.
Buck trabajó duro con el arnés; el trabajo ahora emocionaba su espíritu.

Mais il trouvait encore plus de joie à provoquer des bagarres et du chaos dans le camp.
Pero encontró aún más alegría al provocar peleas y caos en el campamento.

Un soir, à l'embouchure du Tahkeena, Dub fit sursauter un lapin.
Una noche, en la desembocadura del Tahkeena, Dub asustó a un conejo.

Il a raté la prise et le lièvre d'Amérique s'est enfui.
Falló el tiro y el conejo con raquetas de nieve saltó lejos.

En quelques secondes, toute l'équipe de traîneau s'est lancée à sa poursuite en poussant des cris sauvages.
En cuestión de segundos, todo el equipo de trineo los persiguió con gritos salvajes.

À proximité, un camp de la police du Nord-Ouest abritait une cinquantaine de chiens huskys.
Cerca de allí, un campamento de la Policía del Noroeste albergaba cincuenta perros husky.

Ils se sont joints à la chasse, descendant ensemble la rivière gelée.

Se unieron a la caza y navegaron juntos por el río helado.
Le lapin a quitté la rivière et s'est enfui dans le lit d'un ruisseau gelé.
El conejo se desvió del río y huyó hacia el lecho congelado del arroyo.
Le lapin sautait légèrement sur la neige tandis que les chiens peinaient à se frayer un chemin.
El conejo saltaba suavemente sobre la nieve mientras los perros se abrían paso con dificultad.
Buck menait l'énorme meute de soixante chiens dans chaque virage sinueux.
Buck lideró la enorme manada de sesenta perros en cada curva.
Il avança, bas et impatient, mais ne put gagner du terrain.
Avanzó lentamente y con entusiasmo, pero no pudo ganar terreno.
Son corps brillait sous la lune pâle à chaque saut puissant.
Su cuerpo brillaba bajo la pálida luna con cada poderoso salto.
Devant, le lapin se déplaçait comme un fantôme, silencieux et trop rapide pour être attrapé.
Más adelante, el conejo se movía como un fantasma, silencioso y demasiado rápido para atraparlo.
Tous ces vieux instincts – la faim, le frisson – envahirent Buck.
Todos esos viejos instintos —el hambre, la emoción— se apoderaron de Buck.
Les humains ressentent parfois cet instinct et sont poussés à chasser avec une arme à feu et des balles.
Los humanos a veces sienten este instinto y se ven impulsados a cazar con armas de fuego y balas.
Mais Buck ressentait ce sentiment à un niveau plus profond et plus personnel.
Pero Buck sintió este sentimiento a un nivel más profundo y personal.
Ils ne pouvaient pas ressentir la nature sauvage dans leur sang comme Buck pouvait la ressentir.

No podían sentir lo salvaje en su sangre como Buck podía sentirlo.
Il chassait la viande vivante, prêt à tuer avec ses dents et à goûter le sang.
Persiguió carne viva, dispuesto a matar con los dientes y saborear la sangre.
Son corps se tendait de joie, voulant se baigner dans la vie rouge et chaude.
Su cuerpo se tensó de alegría, queriendo bañarse en la cálida vida roja.
Une joie étrange marque le point le plus élevé que la vie puisse atteindre.
Una extraña alegría marca el punto más alto que la vida puede alcanzar.
La sensation d'un pic où les vivants oublient même qu'ils sont en vie.
La sensación de una cima donde los vivos olvidan que están vivos.
Cette joie profonde touche l'artiste perdu dans une inspiration fulgurante.
Esta alegría profunda conmueve al artista perdido en una inspiración ardiente.
Cette joie saisit le soldat qui se bat avec acharnement et n'épargne aucun ennemi.
Esta alegría se apodera del soldado que lucha salvajemente y no perdona a ningún enemigo.
Cette joie s'empara alors de Buck alors qu'il menait la meute dans une faim primitive.
Esta alegría ahora se apoderó de Buck mientras lideraba la manada con hambre primaria.
Il hurla avec le cri ancien du loup, ravi par la chasse vivante.
Aulló con el antiguo grito del lobo, emocionado por la persecución en vida.
Buck a puisé dans la partie la plus ancienne de lui-même, perdue dans la nature.
Buck recurrió a la parte más antigua de sí mismo, perdida en la naturaleza.

Il a puisé au plus profond de lui-même, au-delà de la mémoire, dans le temps brut et ancien.
Llegó a lo más profundo, más allá de la memoria, al tiempo crudo y antiguo.
Une vague de vie pure a traversé chaque muscle et chaque tendon.
Una ola de vida pura recorrió cada músculo y tendón.
Chaque saut criait qu'il vivait, qu'il traversait la mort.
Cada salto gritaba que vivía, que avanzaba a través de la muerte.
Son corps s'élevait joyeusement au-dessus d'une terre calme et froide qui ne bougeait jamais.
Su cuerpo se elevaba alegremente sobre una tierra quieta y fría que nunca se movía.
Spitz est resté froid et rusé, même dans ses moments les plus fous.
Spitz se mantuvo frío y astuto, incluso en sus momentos más salvajes.
Il quitta le sentier et traversa un terrain où le ruisseau formait une large courbe.
Dejó el sendero y cruzó el terreno donde el arroyo se curvaba ampliamente.
Buck, inconscient de cela, resta sur le chemin sinueux du lapin.
Buck, sin darse cuenta de esto, permaneció en el sinuoso camino del conejo.
Puis, alors que Buck tournait un virage, le lapin fantomatique était devant lui.
Entonces, cuando Buck dobló una curva, el conejo fantasmal estaba frente a él.
Il vit une deuxième silhouette sauter de la berge devant la proie.
Vio una segunda figura saltar desde la orilla delante de la presa.
La silhouette était celle d'un Spitz, atterrissant juste sur le chemin du lapin en fuite.

La figura era Spitz, aterrizando justo en el camino del conejo que huía.

Le lapin ne pouvait pas se retourner et a rencontré les mâchoires de Spitz en plein vol.

El conejo no pudo girar y se encontró con las fauces de Spitz en el aire.

La colonne vertébrale du lapin se brisa avec un cri aussi aigu que le cri d'un humain mourant.

La columna vertebral del conejo se rompió con un chillido tan agudo como el grito de un humano moribundo.

À ce bruit – la chute de la vie à la mort – la meute hurla fort.

Ante ese sonido, la caída de la vida a la muerte, la manada aulló fuerte.

Un chœur sauvage s'éleva derrière Buck, plein de joie sombre.

Un coro salvaje se elevó detrás de Buck, lleno de oscuro deleite.

Buck n'a émis aucun cri, aucun son, et a chargé directement Spitz.

Buck no emitió ningún grito ni sonido y se lanzó directamente hacia Spitz.

Il a visé la gorge, mais a touché l'épaule à la place.

Apuntó a la garganta, pero en lugar de eso golpeó el hombro.

Ils dégringolèrent dans la neige molle, leurs corps bloqués dans le combat.

Cayeron sobre la nieve blanda; sus cuerpos trabados en combate.

Spitz se releva rapidement, comme s'il n'avait jamais été renversé.

Spitz se levantó rápidamente, como si nunca lo hubieran derribado.

Il a entaillé l'épaule de Buck, puis s'est éloigné du combat.

Cortó el hombro de Buck y luego saltó para alejarse de la pelea.

À deux reprises, ses dents claquèrent comme des pièges en acier, ses lèvres se retroussèrent et devinrent féroces.

Sus dientes chasquearon dos veces como trampas de acero y sus labios se curvaron y fueron feroces.
Il recula lentement, cherchant un sol ferme sous ses pieds.
Retrocedió lentamente, buscando terreno firme bajo sus pies.
Buck a compris le moment instantanément et pleinement.
Buck comprendió el momento instantánea y completamente.
Le moment était venu ; le combat allait être un combat à mort.
Había llegado el momento; la lucha iba a ser una lucha a muerte.
Les deux chiens tournaient en rond, grognant, les oreilles plates, les yeux plissés.
Los dos perros daban vueltas, gruñendo, con las orejas planas y los ojos entrecerrados.
Chaque chien attendait que l'autre montre une faiblesse ou fasse un faux pas.
Cada perro esperaba que el otro mostrara debilidad o un paso en falso.
Pour Buck, la scène semblait étrangement connue et profondément ancrée dans ses souvenirs.
Para Buck, la escena era inquietantemente conocida y recordada profundamente.
Les bois blancs, la terre froide, la bataille au clair de lune.
El bosque blanco, la tierra fría, la batalla bajo la luz de la luna.
Un silence pesant emplissait le pays, profond et contre nature.
Un pesado silencio llenó la tierra, profundo y antinatural.
Aucun vent ne soufflait, aucune feuille ne bougeait, aucun bruit ne brisait le silence.
Ningún viento se agitó, ninguna hoja se movió, ningún sonido rompió la quietud.
Le souffle des chiens s'élevait comme de la fumée dans l'air glacial et calme.
El aliento de los perros se elevaba como humo en el aire helado y silencioso.
Le lapin a été depuis longtemps oublié par la meute de bêtes sauvages.

El conejo fue olvidado hace mucho tiempo por la manada de bestias salvajes.
Ces loups à moitié apprivoisés se tenaient maintenant immobiles dans un large cercle.
Estos lobos medio domesticados ahora permanecían quietos formando un amplio círculo.
Ils étaient silencieux, seuls leurs yeux brillants révélaient leur faim.
Estaban en silencio, sólo sus ojos brillantes revelaban su hambre.
Leur souffle s'éleva, regardant le combat final commencer.
Su respiración se elevó mientras observaban cómo comenzaba la pelea final.
Pour Buck, cette bataille était ancienne et attendue, pas du tout étrange.
Para Buck, esta batalla era vieja y esperada, nada extraña.
C'était comme un souvenir de quelque chose qui devait arriver depuis toujours.
Parecía el recuerdo de algo que siempre estuvo destinado a suceder.
Le Spitz était un chien de combat entraîné, affiné par d'innombrables bagarres sauvages.
Spitz era un perro de pelea entrenado, perfeccionado por innumerables peleas salvajes.
Du Spitzberg au Canada, il a vaincu de nombreux ennemis.
Desde Spitzbergen hasta Canadá, había vencido a muchos enemigos.
Il était rempli de fureur, mais n'a jamais cédé au contrôle de la rage.
Estaba lleno de furia, pero nunca dejó controlar la rabia.
Sa passion était vive, mais toujours tempérée par un instinct dur.
Su pasión era aguda, pero siempre templada por un duro instinto.
Il n'a jamais attaqué jusqu'à ce que sa propre défense soit en place.
Nunca atacó hasta que su propia defensa estuvo en su lugar.

Buck a essayé encore et encore d'atteindre le cou vulnérable de Spitz.
Buck intentó una y otra vez alcanzar el vulnerable cuello de Spitz.
Mais chaque coup était accueilli par un coup des dents acérées de Spitz.
Pero cada golpe era correspondido con un corte de los afilados dientes de Spitz.
Leurs crocs se sont heurtés et les deux chiens ont saigné de leurs lèvres déchirées.
Sus colmillos chocaron y ambos perros sangraron por los labios desgarrados.
Peu importe comment Buck s'est lancé, il n'a pas pu briser la défense.
No importaba cuánto se lanzara Buck, no podía romper la defensa.
Il devint de plus en plus furieux, se précipitant avec des explosions de puissance sauvages.
Se puso más furioso y se abalanzó con salvajes ráfagas de poder.
À maintes reprises, Buck frappait la gorge blanche du Spitz.
Una y otra vez, Buck atacó la garganta blanca de Spitz.
À chaque fois, Spitz esquivait et riposta avec une morsure tranchante.
Cada vez que Spitz esquivaba el ataque, contraatacaba con un mordisco cortante.
Buck changea alors de tactique, se précipitant à nouveau comme pour atteindre la gorge.
Entonces Buck cambió de táctica y se abalanzó nuevamente hacia la garganta.
Mais il s'est retiré au milieu de l'attaque, se tournant pour frapper sur le côté.
Pero él retrocedió a mitad del ataque y se giró para atacar desde un costado.
Il a lancé son épaule sur Spitz, dans le but de le faire tomber.
Le lanzó el hombro a Spitz con la intención de derribarlo.

À chaque fois qu'il essayait, Spitz esquivait et ripostait avec une frappe.
Cada vez que lo intentaba, Spitz lo esquivaba y contraatacaba con un corte.
L'épaule de Buck était à vif alors que Spitz s'écartait après chaque coup.
El hombro de Buck se enrojeció cuando Spitz saltó después de cada golpe.
Spitz n'avait pas été touché, tandis que Buck saignait de nombreuses blessures.
Spitz no había sido tocado, mientras que Buck sangraba por muchas heridas.
La respiration de Buck était rapide et lourde, son corps était couvert de sang.
La respiración de Buck era rápida y pesada y su cuerpo estaba cubierto de sangre.
Le combat devenait plus brutal à chaque morsure et à chaque charge.
La pelea se volvió más brutal con cada mordisco y embestida.
Autour d'eux, soixante chiens silencieux attendaient le premier à tomber.
A su alrededor, sesenta perros silenciosos esperaban que cayera el primero.
Si un chien tombait, la meute allait mettre fin au combat.
Si un perro caía, la manada terminaría la pelea.
Spitz vit Buck faiblir et commença à attaquer.
Spitz vio que Buck se estaba debilitando y comenzó a presionar para atacar.
Il a maintenu Buck en déséquilibre, le forçant à lutter pour garder pied.
Mantuvo a Buck fuera de equilibrio, obligándolo a luchar para mantener el equilibrio.
Un jour, Buck trébucha et tomba, et tous les chiens se relevèrent.
Una vez Buck tropezó y cayó, y todos los perros se levantaron.
Mais Buck s'est redressé au milieu de sa chute, et tout le monde s'est affalé.

Pero Buck se enderezó a mitad de la caída y todos volvieron a caer.

Buck avait quelque chose de rare : une imagination née d'un instinct profond.

Buck tenía algo poco común: una imaginación nacida de un instinto profundo.

Il combattait par instinct naturel, mais aussi par ruse.

Peleó con impulso natural, pero también peleó con astucia.

Il chargea à nouveau comme s'il répétait son tour d'attaque à l'épaule.

Cargó de nuevo como si repitiera su truco de ataque con el hombro.

Mais à la dernière seconde, il s'est laissé tomber et a balayé Spitz.

Pero en el último segundo, se agachó y pasó por debajo de Spitz.

Ses dents se sont bloquées sur la patte avant gauche de Spitz avec un claquement.

Sus dientes se clavaron en la pata delantera izquierda de Spitz con un chasquido.

Spitz était maintenant instable, son poids reposant sur seulement trois pattes.

Spitz ahora estaba inestable, con su peso sobre sólo tres patas.

Buck frappa à nouveau, essaya trois fois de le faire tomber.

Buck atacó de nuevo e intentó derribarlo tres veces.

À la quatrième tentative, il a utilisé le même mouvement avec succès.

En el cuarto intento utilizó el mismo movimiento con éxito.

Cette fois, Buck a réussi à mordre la jambe droite du Spitz.

Esta vez Buck logró morder la pata derecha de Spitz.

Spitz, bien que paralysé et souffrant, continuait à lutter pour survivre.

Spitz, aunque lisiado y en agonía, siguió luchando por sobrevivir.

Il vit le cercle de huskies se resserrer, la langue tirée, les yeux brillants.

Vio que el círculo de huskies se estrechaba, con las lenguas afuera y los ojos brillantes.
Ils attendaient de le dévorer, comme ils l'avaient fait pour les autres.
Esperaron para devorarlo, tal como habían hecho con los otros.
Cette fois, il se tenait au centre, vaincu et condamné.
Esta vez, él estaba en el centro; derrotado y condenado.
Le chien blanc n'avait désormais plus aucune possibilité de s'échapper.
Ya no había opción de escapar para el perro blanco.
Buck n'a montré aucune pitié, car la pitié n'avait pas sa place dans la nature.
Buck no mostró piedad, porque la piedad no pertenecía a la naturaleza.
Buck se déplaçait prudemment, se préparant à la charge finale.
Buck se movió con cuidado, preparándose para la carga final.
Le cercle des huskies se referma ; il sentit leur souffle chaud.
El círculo de perros esquimales se cerró; sintió sus respiraciones cálidas.
Ils s'accroupirent, prêts à bondir lorsque le moment viendrait.
Se agacharon, preparados para saltar cuando llegara el momento.
Spitz tremblait dans la neige, grognant et changeant de position.
Spitz temblaba en la nieve, gruñendo y cambiando su postura.
Ses yeux brillaient, ses lèvres se courbaient, ses dents brillaient dans une menace désespérée.
Sus ojos brillaban, sus labios se curvaron y sus dientes brillaron en una amenaza desesperada.
Il tituba, essayant toujours de résister à la morsure froide de la mort.
Se tambaleó, todavía intentando contener el frío mordisco de la muerte.

Il avait déjà vu cela auparavant, mais toujours du côté des gagnants.
Ya había visto esto antes, pero siempre desde el lado ganador.
Il était désormais du côté des perdants, des vaincus, de la proie, de la mort.
Ahora estaba en el bando perdedor; el derrotado; la presa; la muerte.
Buck tourna en rond pour porter le coup final, le cercle de chiens se rapprochant.
Buck voló en círculos para asestar el golpe final, mientras el círculo de perros se acercaba cada vez más.
Il pouvait sentir leur souffle chaud, prêt à tuer.
Podía sentir sus respiraciones calientes; listas para matar.
Un silence s'installa ; tout était à sa place ; le temps s'était arrêté.
Se hizo un silencio absoluto, todo estaba en su lugar, el tiempo se había detenido.
Même l'air froid entre eux se figea un dernier instant.
Incluso el aire frío entre ellos se congeló por un último momento.
Seul Spitz bougea, essayant de retenir sa fin amère.
Sólo Spitz se movió, intentando contener su amargo final.
Le cercle des chiens se refermait autour de lui, comme l'était son destin.
El círculo de perros se iba cerrando a su alrededor, tal como era su destino.
Il était désespéré maintenant, sachant ce qui allait se passer.
Ahora estaba desesperado, sabiendo lo que estaba a punto de suceder.
Buck bondit, épaule contre épaule une dernière fois.
Buck saltó y hombro con hombro chocó una última vez.
Les chiens se sont précipités en avant, couvrant Spitz dans l'obscurité neigeuse.
Los perros se lanzaron hacia adelante, cubriendo a Spitz en la oscuridad nevada.
Buck regardait, debout, le vainqueur dans un monde sauvage.

Buck observaba, erguido, vencedor en un mundo salvaje.
La bête primordiale dominante avait fait sa proie, et c'était bien.
La bestia primordial dominante había cometido su asesinato, y fue bueno.

Celui qui a gagné la maîtrise
Aquel que ha alcanzado la maestría

« Hein ? Qu'est-ce que j'ai dit ? Je dis vrai quand je dis que Buck est un démon. »
¿Eh? ¿Qué dije? Digo la verdad cuando digo que Buck es un demonio.

François a dit cela le lendemain matin après avoir constaté la disparition de Spitz.
François dijo esto a la mañana siguiente después de descubrir que Spitz había desaparecido.

Buck se tenait là, couvert de blessures dues au combat acharné.
Buck permaneció allí, cubierto de heridas por la feroz pelea.

François tira Buck près du feu et lui montra les blessures.
François acercó a Buck al fuego y señaló las heridas.

« Ce Spitz s'est battu comme le Devik », dit Perrault en observant les profondes entailles.
"Ese Spitz peleó como Devik", dijo Perrault, mirando los profundos cortes.

« Et ce Buck s'est battu comme deux diables », répondit aussitôt François.
—Y ese Buck peleó como dos demonios —respondió François inmediatamente.

« Maintenant, nous allons faire du bon temps ; plus de Spitz, plus de problèmes. »
"Ahora iremos a buen ritmo; no más Spitz, no más problemas".

Perrault préparait le matériel et chargeait le traîneau avec soin.
Perrault estaba empacando el equipo y cargando el trineo con cuidado.

François a attelé les chiens en prévision de la course du jour.
François enjaezó a los perros para prepararlos para la carrera del día.

Buck a trotté directement vers la position de tête autrefois détenue par Spitz.

Buck trotó directamente a la posición de liderazgo que alguna vez ocupó Spitz.

Mais François, sans s'en apercevoir, conduisit Solleks vers l'avant.

Pero François, sin darse cuenta, condujo a Solleks hacia el frente.

Aux yeux de François, Solleks était désormais le meilleur chien de tête.

A juicio de François, Solleks era ahora el mejor perro guía.

Buck se jeta sur Solleks avec fureur et le repoussa en signe de protestation.

Buck se abalanzó furioso sobre Solleks y lo hizo retroceder en protesta.

Il se tenait là où Spitz s'était autrefois tenu, revendiquant la position de leader.

Se situó en el mismo lugar que una vez estuvo Spitz, ocupando la posición de liderazgo.

« Hein ? Hein ? » s'écria François en se frappant les cuisses d'un air amusé.

—¿Eh? ¿Eh? —gritó François, dándose palmadas en los muslos, divertido.

« Regardez Buck, il a tué Spitz, et maintenant il veut prendre le poste ! »

—Mira a Buck. Mató a Spitz y ahora quiere aceptar el trabajo.

« Va-t'en, Chook ! » cria-t-il, essayant de chasser Buck.

—¡Vete, Chook! —gritó, intentando ahuyentar a Buck.

Mais Buck refusa de bouger et resta ferme dans la neige.

Pero Buck se negó a moverse y se mantuvo firme en la nieve.

François attrapa Buck par la peau du cou et le tira sur le côté.

François agarró a Buck por la nuca y lo arrastró a un lado.

Buck grogna bas et menaçant mais n'attaqua pas.

Buck gruñó bajo y amenazante, pero no atacó.

François a remis Solleks en tête, tentant de régler le différend

François puso a Solleks de nuevo en cabeza, intentando resolver la disputa.

Le vieux chien avait peur de Buck et ne voulait pas rester.

El perro viejo mostró miedo de Buck y no quería quedarse.
Quand François lui tourna le dos, Buck chassa à nouveau Solleks.
Cuando François le dio la espalda, Buck expulsó nuevamente a Solleks.
Solleks n'a pas résisté et s'est discrètement écarté une fois de plus.
Solleks no se resistió y se hizo a un lado silenciosamente una vez más.
François s'est mis en colère et a crié : « Par Dieu, je te répare ! »
François se enojó y gritó: "¡Por Dios, te arreglo!"
Il s'approcha de Buck en tenant une lourde massue à la main.
Se acercó a Buck sosteniendo un pesado garrote en su mano.
Buck se souvenait bien de l'homme au pull rouge.
Buck recordaba bien al hombre del suéter rojo.
Il recula lentement, observant François, mais grognant profondément.
Se retiró lentamente, observando a François, pero gruñendo profundamente.
Il ne s'est pas précipité en arrière, même lorsque Solleks s'est levé à sa place.
No se apresuró a regresar, incluso cuando Solleks ocupó su lugar.
Buck tourna en rond juste hors de portée, grognant de fureur et de protestation.
Buck voló en círculos fuera de su alcance, gruñendo con furia y protesta.
Il gardait les yeux fixés sur le gourdin, prêt à esquiver si François lançait.
Mantuvo la vista fija en el palo, dispuesto a esquivarlo si François lanzaba.
Il était devenu sage et prudent quant aux manières des hommes armés.
Se había vuelto sabio y cauteloso en cuanto a las costumbres de los hombres con armas.

François abandonna et rappela Buck à son ancienne place.
François se dio por vencido y llamó a Buck nuevamente a su antiguo lugar.
Mais Buck recula prudemment, refusant d'obéir à l'ordre.
Pero Buck retrocedió con cautela, negándose a obedecer la orden.
François le suivit, mais Buck ne recula que de quelques pas supplémentaires.
François lo siguió, pero Buck sólo retrocedió unos pasos más.
Après un certain temps, François jeta l'arme par frustration.
Después de un tiempo, François arrojó el arma al suelo, frustrado.
Il pensait que Buck craignait d'être battu et qu'il allait venir tranquillement.
Pensó que Buck tenía miedo de que le dieran una paliza y que iba a venir sin hacer mucho ruido.
Mais Buck n'évitait pas la punition : il se battait pour son rang.
Pero Buck no estaba evitando el castigo: estaba luchando por su rango.
Il avait gagné la place de chien de tête grâce à un combat à mort.
Se había ganado el puesto de perro líder mediante una pelea a muerte.
il n'allait pas se contenter de moins que d'être le leader.
No iba a conformarse con nada menos que ser el líder.

Perrault a participé à la poursuite pour aider à attraper le Buck rebelle.
Perrault participó en la persecución para ayudar a atrapar al rebelde Buck.
Ensemble, ils l'ont fait courir dans le camp pendant près d'une heure.
Juntos lo hicieron correr alrededor del campamento durante casi una hora.
Ils lui lancèrent des coups de massue, mais Buck les esquiva habilement.

Le lanzaron garrotes, pero Buck los esquivó hábilmente.
Ils l'ont maudit, lui, ses ancêtres, ses descendants et chaque cheveu de sa personne.
Lo maldijeron a él, a sus padres, a sus descendientes y a cada cabello que tenía.
Mais Buck se contenta de gronder en retour et resta hors de leur portée.
Pero Buck sólo gruñó y se quedó fuera de su alcance.
Il n'a jamais essayé de s'enfuir mais a délibérément tourné autour du camp.
Nunca intentó huir, sino que rodeó el campamento deliberadamente.
Il a clairement fait savoir qu'il obéirait une fois qu'ils lui auraient donné ce qu'il voulait.
Dejó claro que obedecería una vez que le dieran lo que quería.
François s'est finalement assis et s'est gratté la tête avec frustration.
François finalmente se sentó y se rascó la cabeza con frustración.
Perrault consulta sa montre, jura et marmonna à propos du temps perdu.
Perrault miró su reloj, maldijo y murmuró algo sobre el tiempo perdido.
Une heure s'était déjà écoulée alors qu'ils auraient dû être sur la piste.
Ya había pasado una hora cuando debían estar en el sendero.
François haussa les épaules d'un air penaud en direction du coursier, qui soupira de défaite.
François se encogió de hombros tímidamente y miró al mensajero, quien suspiró derrotado.
François se dirigea alors vers Solleks et appela Buck une fois de plus.
Entonces François se acercó a Solleks y llamó a Buck una vez más.
Buck rit comme rit un chien, mais garda une distance prudente.

Buck se rió como se ríe un perro, pero mantuvo una distancia cautelosa.

François retira le harnais de Solleks et le remit à sa place.
François le quitó el arnés a Solleks y lo devolvió a su lugar.

L'équipe de traîneau était entièrement harnachée, avec seulement une place libre.
El equipo de trineo estaba completamente arneses y solo había un lugar libre.

La position de tête est restée vide, clairement destinée à Buck seul.
La posición de liderazgo quedó vacía, claramente destinada solo para Buck.

François appela à nouveau, et à nouveau Buck rit et tint bon.
François volvió a llamar, y nuevamente Buck rió y se mantuvo firme.

« Jetez le gourdin », ordonna Perrault sans hésitation.
—Tira el garrote —ordenó Perrault sin dudarlo.

François obéit et Buck trotta immédiatement en avant, fièrement.
François obedeció y Buck inmediatamente trotó hacia adelante orgulloso.

Il rit triomphalement et prit la tête.
Se rió triunfante y asumió la posición de líder.

François a sécurisé ses traces et le traîneau a été détaché.
François aseguró sus correajes y el trineo se soltó.

Les deux hommes couraient côte à côte tandis que l'équipe s'engageait sur le sentier de la rivière.
Ambos hombres corrieron al lado del equipo mientras corrían hacia el sendero del río.

François avait une haute opinion des « deux diables » de Buck,
François tenía en alta estima a los "dos demonios" de Buck.

mais il s'est vite rendu compte qu'il avait en fait sous-estimé le chien.
Pero pronto se dio cuenta de que en realidad había subestimado al perro.

Buck a rapidement pris le leadership et a fait preuve d'excellence.
Buck asumió rápidamente el liderazgo y trabajó con excelencia.
En termes de jugement, de réflexion rapide et d'action, Buck a surpassé Spitz.
En juicio, pensamiento rápido y acción veloz, Buck superó a Spitz.
François n'avait jamais vu un chien égal à celui que Buck présentait maintenant.
François nunca había visto un perro igual al que Buck mostraba ahora.
Mais Buck excellait vraiment dans l'art de faire respecter l'ordre et d'imposer le respect.
Pero Buck realmente sobresalía en imponer el orden e imponer respeto.
Dave et Solleks ont accepté le changement sans inquiétude ni protestation.
Dave y Solleks aceptaron el cambio sin preocupación ni protesta.
Ils se concentraient uniquement sur le travail et tiraient fort sur les rênes.
Se concentraron únicamente en el trabajo y en tirar con fuerza de las riendas.
Peu leur importait de savoir qui menait, tant que le traîneau continuait d'avancer.
A ellos les importaba poco quién iba delante, siempre y cuando el trineo siguiera moviéndose.
Billee, la joyeuse, aurait pu diriger pour autant qu'ils s'en soucient.
Billee, la alegre, podría haber liderado todo lo que a ellos les importaba.
Ce qui comptait pour eux, c'était la paix et l'ordre dans les rangs.
Lo que les importaba era la paz y el orden en las filas.

Le reste de l'équipe était devenu indiscipliné pendant le déclin de Spitz.
El resto del equipo se había vuelto rebelde durante la decadencia de Spitz.
Ils furent choqués lorsque Buck les ramena immédiatement à l'ordre.
Se sorprendieron cuando Buck inmediatamente los puso en orden.
Pike avait toujours été paresseux et traînait les pieds derrière Buck.
Pike siempre había sido perezoso y arrastraba los pies detrás de Buck.
Mais maintenant, il a été sévèrement discipliné par la nouvelle direction.
Pero ahora el nuevo liderazgo lo ha disciplinado severamente.
Et il a rapidement appris à faire sa part dans l'équipe.
Y rápidamente aprendió a aportar su granito de arena en el equipo.
À la fin de la journée, Pike avait travaillé plus dur que jamais.
Al final del día, Pike trabajó más duro que nunca.
Cette nuit-là, au camp, Joe, le chien aigri, fut finalement maîtrisé.
Esa noche en el campamento, Joe, el perro amargado, finalmente fue sometido.
Spitz n'avait pas réussi à le discipliner, mais Buck n'avait pas échoué.
Spitz no logró disciplinarlo, pero Buck no falló.
Grâce à son poids plus important, Buck a vaincu Joe en quelques secondes.
Utilizando su mayor peso, Buck superó a Joe en segundos.
Il a mordu et battu Joe jusqu'à ce qu'il gémisse et cesse de résister.
Mordió y golpeó a Joe hasta que gimió y dejó de resistirse.
Toute l'équipe s'est améliorée à partir de ce moment-là.
Todo el equipo mejoró a partir de ese momento.

Les chiens ont retrouvé leur ancienne unité et leur discipline.
Los perros recuperaron su antigua unidad y disciplina.
À Rink Rapids, deux nouveaux huskies indigènes, Teek et Koona, nous ont rejoint.
En Rink Rapids, se unieron dos nuevos huskies nativos, Teek y Koona.
La rapidité avec laquelle Buck les dressa étonna même François.
El rápido entrenamiento que Buck les dio sorprendió incluso a François.
« Il n'y a jamais eu de chien comme ce Buck ! » s'écria-t-il avec stupéfaction.
"¡Nunca hubo un perro como ese Buck!" gritó con asombro.
« Non, jamais ! Il vaut mille dollars, bon sang ! »
¡No, jamás! ¡Vale mil dólares, por Dios!
« Hein ? Qu'en dis-tu, Perrault ? » demanda-t-il avec fierté.
—¿Eh? ¿Qué dices, Perrault? —preguntó con orgullo.
Perrault hocha la tête en signe d'accord et vérifia ses notes.
Perrault asintió en señal de acuerdo y revisó sus notas.
Nous sommes déjà en avance sur le calendrier et gagnons chaque jour davantage.
Ya vamos por delante del cronograma y ganamos más cada día.
Le sentier était dur et lisse, sans neige fraîche.
El sendero estaba duro y liso, sin nieve fresca.
Le froid était constant, oscillant autour de cinquante degrés en dessous de zéro.
El frío era constante, rondando los cincuenta grados bajo cero durante todo el tiempo.
Les hommes montaient et couraient à tour de rôle pour se réchauffer et gagner du temps.
Los hombres cabalgaban y corrían por turnos para entrar en calor y ganar tiempo.
Les chiens couraient vite avec peu d'arrêts, poussant toujours vers l'avant.

Los perros corrían rápido, con pocas paradas y siempre avanzando.
La rivière Thirty Mile était en grande partie gelée et facile à traverser.
El río Thirty Mile estaba casi congelado y era fácil cruzarlo.
Ils sont sortis en un jour, ce qui leur avait pris dix jours pour venir.
Salieron en un día lo que habían tardado diez días en llegar.
Ils ont parcouru une distance de soixante milles du lac Le Barge jusqu'à White Horse.
Hicieron una carrera de sesenta millas desde el lago Le Barge hasta White Horse.
À travers les lacs Marsh, Tagish et Bennett, ils se déplaçaient incroyablement vite.
A través de los lagos Marsh, Tagish y Bennett se movieron increíblemente rápido.
L'homme qui courait était tiré derrière le traîneau par une corde.
El hombre corriendo remolcado detrás del trineo por una cuerda.
La dernière nuit de la deuxième semaine, ils sont arrivés à destination.
En la última noche de la segunda semana llegaron a su destino.
Ils avaient atteint ensemble le sommet du col White.
Habían llegado juntos a la cima del Paso Blanco.
Ils sont descendus au niveau de la mer avec les lumières de Skaguay en dessous d'eux.
Descendieron al nivel del mar con las luces de Skaguay debajo de ellos.
Il s'agissait d'une course record à travers des kilomètres de nature froide et sauvage.
Había sido una carrera que estableció un récord a través de kilómetros de desierto frío.
Pendant quatorze jours d'affilée, ils ont parcouru en moyenne quarante miles.

Durante catorce días seguidos, recorrieron un promedio de cuarenta millas.

À Skaguay, Perrault et François transportaient des marchandises à travers la ville.
En Skaguay, Perrault y François transportaban mercancías por la ciudad.

Ils ont été acclamés et ont reçu de nombreuses boissons de la part d'une foule admirative.
Fueron aplaudidos y la multitud admirada les ofreció muchas bebidas.

Les chasseurs de chiens et les ouvriers se sont rassemblés autour du célèbre attelage de chiens.
Los cazadores de perros y los trabajadores se reunieron alrededor del famoso equipo de perros.

Puis les hors-la-loi de l'Ouest arrivèrent en ville et subirent une violente défaite.
Luego, los forajidos del oeste llegaron a la ciudad y sufrieron una derrota violenta.

Les gens ont vite oublié l'équipe et se sont concentrés sur un nouveau drame.
La gente pronto se olvidó del equipo y se centró en un nuevo drama.

Puis sont arrivées les nouvelles commandes qui ont tout changé d'un coup.
Luego vinieron las nuevas órdenes que cambiaron todo de golpe.

François appela Buck à lui et le serra dans ses bras avec une fierté larmoyante.
François llamó a Buck y lo abrazó con orgullo entre lágrimas.

Ce moment fut la dernière fois que Buck revit François.
Ese momento fue la última vez que Buck volvió a ver a François.

Comme beaucoup d'hommes avant eux, François et Perrault étaient tous deux partis.
Como muchos hombres antes, tanto François como Perrault se habían ido.

Un métis écossais a pris en charge Buck et ses coéquipiers de chiens de traîneau.
Un mestizo escocés se hizo cargo de Buck y sus compañeros de equipo de perros de trineo.
Avec une douzaine d'autres équipes de chiens, ils sont retournés par le sentier jusqu'à Dawson.
Con una docena de otros equipos de perros, regresaron por el sendero hasta Dawson.
Ce n'était plus une course rapide, juste un travail pénible avec une lourde charge chaque jour.
Ya no era una carrera rápida, solo un trabajo duro con una carga pesada cada día.
C'était le train postal qui apportait des nouvelles aux chercheurs d'or près du pôle.
Éste era el tren correo que llevaba noticias a los buscadores de oro cerca del Polo.
Buck n'aimait pas le travail mais le supportait bien, étant fier de ses efforts.
A Buck no le gustaba el trabajo, pero lo soportaba bien y se enorgullecía de su esfuerzo.
Comme Dave et Solleks, Buck a fait preuve de dévouement dans chaque tâche quotidienne.
Al igual que Dave y Solleks, Buck mostró devoción por cada tarea diaria.
Il s'est assuré que chacun de ses coéquipiers fasse sa part du travail.
Se aseguró de que cada uno de sus compañeros hiciera su parte.
La vie sur les sentiers est devenue ennuyeuse, répétée avec la précision d'une machine.
La vida en el sendero se volvió aburrida, repetida con la precisión de una máquina.
Chaque jour était le même, un matin se fondant dans le suivant.
Cada día parecía igual, una mañana se fundía con la siguiente.
À la même heure, les cuisiniers se levèrent pour allumer des feux et préparer la nourriture.

A la misma hora, los cocineros se levantaron para hacer fogatas y preparar la comida.
Après le petit-déjeuner, certains quittèrent le camp tandis que d'autres attelèrent les chiens.
Después del desayuno, algunos abandonaron el campamento mientras otros enjaezaron los perros.
Ils ont pris la route avant que le faible avertissement de l'aube ne touche le ciel.
Se pusieron en marcha antes de que la tenue señal del amanecer tocara el cielo.
La nuit, ils s'arrêtaient pour camper, chaque homme ayant une tâche précise.
Por la noche se detenían para acampar, cada hombre con una tarea determinada.
Certains ont monté les tentes, d'autres ont coupé du bois de chauffage et ramassé des branches de pin.
Algunos montaron tiendas de campaña, otros cortaron leña y recogieron ramas de pino.
De l'eau ou de la glace étaient ramenées aux cuisiniers pour le repas du soir.
Se llevaba agua o hielo a los cocineros para la cena.
Les chiens ont été nourris et c'était le meilleur moment de la journée pour eux.
Los perros fueron alimentados y esta fue la mejor parte del día para ellos.
Après avoir mangé du poisson, les chiens se sont détendus et se sont allongés près du feu.
Después de comer pescado, los perros se relajaron y descansaron cerca del fuego.
Il y avait une centaine d'autres chiens dans le convoi avec lesquels se mêler.
Había otros cien perros en el convoy con los que mezclarse.
Beaucoup de ces chiens étaient féroces et prompts à se battre sans prévenir.
Muchos de esos perros eran feroces y rápidos para pelear sin previo aviso.

Mais après trois victoires, Buck a maîtrisé même les combattants les plus féroces.
Pero después de tres victorias, Buck dominó incluso a los luchadores más feroces.
Maintenant, quand Buck grogna et montra ses dents, ils s'écartèrent.
Cuando Buck gruñó y mostró los dientes, se hicieron a un lado.
Mais le plus beau dans tout ça, c'est que Buck aimait s'allonger près du feu de camp vacillant.
Quizás lo mejor de todo es que a Buck le encantaba tumbarse cerca de la fogata parpadeante.
Il s'accroupit, les pattes arrière repliées et les pattes avant tendues vers l'avant.
Se agachó con las patas traseras dobladas y las patas delanteras estiradas hacia adelante.
Sa tête était levée tandis qu'il cligna doucement des yeux devant les flammes rougeoyantes.
Levantó la cabeza mientras parpadeaba suavemente ante las llamas brillantes.
Parfois, il se souvenait de la grande maison du juge Miller à Santa Clara.
A veces recordaba la gran casa del juez Miller en Santa Clara.
Il pensait à la piscine en ciment, à Ysabel et au carlin appelé Toots.
Pensó en la piscina de cemento, en Ysabel y en el pug llamado Toots.
Mais le plus souvent, il se souvenait du gourdin de l'homme au pull rouge.
Pero más a menudo recordaba el garrote del hombre del suéter rojo.
Il se souvenait de la mort de Curly et de sa bataille acharnée contre Spitz.
Recordó la muerte de Curly y su feroz batalla con Spitz.
Il se souvenait aussi des bons plats qu'il avait mangés ou dont il rêvait encore.

También recordó la buena comida que había comido o con la que aún soñaba.

Buck n'avait pas le mal du pays : la vallée chaude était lointaine et irréelle.
Buck no sentía nostalgia: el cálido valle era distante e irreal.

Les souvenirs de Californie n'avaient plus vraiment d'influence sur lui.
Los recuerdos de California ya no ejercían ninguna atracción sobre él.

Plus forts que la mémoire étaient les instincts profondément ancrés dans sa lignée.
Más fuertes que la memoria eran los instintos profundos en su linaje.

Les habitudes autrefois perdues étaient revenues, ravivées par le sentier et la nature sauvage.
Los hábitos que una vez se habían perdido habían regresado, revividos por el camino y la naturaleza.

Tandis que Buck regardait la lumière du feu, cela devenait parfois autre chose.
Mientras Buck observaba la luz del fuego, a veces se convertía en otra cosa.

Il vit à la lueur du feu un autre feu, plus vieux et plus profond que celui-ci.
Vio a la luz del fuego otro fuego, más antiguo y más profundo que el actual.

À côté de cet autre feu se tenait accroupi un homme qui ne ressemblait pas au cuisinier métis.
Junto a ese otro fuego se agazapaba un hombre que no se parecía en nada al cocinero mestizo.

Cette figurine avait des jambes courtes, de longs bras et des muscles durs et noués.
Esta figura tenía piernas cortas, brazos largos y músculos duros y anudados.

Ses cheveux étaient longs et emmêlés, tombant en arrière à partir des yeux.
Su cabello era largo y enmarañado, y caía hacia atrás desde los ojos.

Il émit des sons étranges et regarda l'obscurité avec peur.
Hizo ruidos extraños y miró con miedo hacia la oscuridad.
Il tenait une massue en pierre basse, fermement serrée dans sa longue main rugueuse.
Sostenía agachado un garrote de piedra, firmemente agarrado con su mano larga y áspera.
L'homme portait peu de vêtements ; juste une peau carbonisée qui pendait dans son dos.
El hombre vestía poco: sólo una piel carbonizada que le colgaba por la espalda.
Son corps était couvert de poils épais sur les bras, la poitrine et les cuisses.
Su cuerpo estaba cubierto de espeso vello en los brazos, el pecho y los muslos.
Certaines parties des cheveux étaient emmêlées en plaques de fourrure rugueuse.
Algunas partes del cabello estaban enredadas en parches de pelaje áspero.
Il ne se tenait pas droit mais penché en avant des hanches jusqu'aux genoux.
No se mantenía erguido, sino inclinado hacia delante desde las caderas hasta las rodillas.
Ses pas étaient élastiques et félins, comme s'il était toujours prêt à bondir.
Sus pasos eran elásticos y felinos, como si estuviera siempre dispuesto a saltar.
Il y avait une vive vigilance, comme s'il vivait dans une peur constante.
Había un estado de alerta agudo, como si viviera con miedo constante.
Cet homme ancien semblait s'attendre au danger, que le danger soit perçu ou non.
Este hombre anciano parecía esperar el peligro, ya sea que lo viera o no.
Parfois, l'homme poilu dormait près du feu, la tête entre les jambes.

A veces, el hombre peludo dormía junto al fuego, con la cabeza metida entre las piernas.

Ses coudes reposaient sur ses genoux, ses mains jointes au-dessus de sa tête.

Sus codos descansaban sobre sus rodillas, sus manos entrelazadas sobre su cabeza.

Comme un chien, il utilisait ses bras velus pour se débarrasser de la pluie qui tombait.

Como un perro, usó sus brazos peludos para protegerse de la lluvia que caía.

Au-delà de la lumière du feu, Buck vit deux charbons jumeaux briller dans l'obscurité.

Más allá de la luz del fuego, Buck vio dos brasas brillando en la oscuridad.

Toujours deux par deux, ils étaient les yeux des bêtes de proie traquantes.

Siempre de dos en dos, eran los ojos de las bestias rapaces al acecho.

Il entendit des corps s'écraser à travers les broussailles et des bruits se faire entendre dans la nuit.

Escuchó cuerpos chocando contra la maleza y ruidos en la noche.

Allongé sur la rive du Yukon, clignant des yeux, Buck rêvait près du feu.

Acostado en la orilla del Yukón, parpadeando, Buck soñaba junto al fuego.

Les images et les sons de ce monde sauvage lui faisaient dresser les cheveux sur la tête.

Las vistas y los sonidos de ese mundo salvaje le ponían los pelos de punta.

La fourrure s'élevait le long de son dos, de ses épaules et de son cou.

El pelaje se le subió por la espalda, los hombros y el cuello.

Il gémissait doucement ou émettait un grognement sourd au plus profond de sa poitrine.

Él gimió suavemente o emitió un gruñido bajo y profundo en su pecho.

Alors le cuisinier métis cria : « Hé, toi Buck, réveille-toi ! »
Entonces el cocinero mestizo gritó: "¡Oye, Buck, despierta!"
Le monde des rêves a disparu et la vraie vie est revenue aux yeux de Buck.
El mundo de los sueños desapareció y la vida real regresó a los ojos de Buck.
Il allait se lever, s'étirer et bâiller, comme s'il venait de se réveiller d'une sieste.
Iba a levantarse, estirarse y bostezar, como si acabara de despertar de una siesta.
Le voyage était difficile, avec le traîneau postal qui traînait derrière eux.
El viaje fue duro, con el trineo del correo arrastrándose detrás de ellos.
Les lourdes charges et le travail pénible épuisaient les chiens à chaque longue journée.
Las cargas pesadas y el trabajo duro agotaban a los perros cada largo día.
Ils arrivèrent à Dawson maigres, fatigués et ayant besoin de plus d'une semaine de repos.
Llegaron a Dawson delgados, cansados y necesitando más de una semana de descanso.
Mais seulement deux jours plus tard, ils repartaient sur le Yukon.
Pero sólo dos días después, emprendieron nuevamente el descenso por el Yukón.
Ils étaient chargés de lettres supplémentaires destinées au monde extérieur.
Estaban cargados con más cartas destinadas al mundo exterior.
Les chiens étaient épuisés et les hommes se plaignaient constamment.
Los perros estaban exhaustos y los hombres se quejaban constantemente.
La neige tombait tous les jours, ramollissant le sentier et ralentissant les traîneaux.

La nieve caía todos los días, suavizando el camino y ralentizando los trineos.
Cela a rendu la traction plus difficile et a entraîné plus de traînée sur les patins.
Esto provocó que el tirón fuera más difícil y hubo más resistencia para los corredores.
Malgré cela, les pilotes étaient justes et se souciaient de leurs équipes.
A pesar de eso, los pilotos fueron justos y se preocuparon por sus equipos.
Chaque nuit, les chiens étaient nourris avant que les hommes ne puissent manger.
Cada noche, los perros eran alimentados antes de que los hombres pudieran comer.
Aucun homme ne dormait avant de vérifier les pattes de son propre chien.
Ningún hombre duerme sin antes revisar las patas de su propio perro.
Cependant, les chiens s'affaiblissaient à mesure que les kilomètres s'écoulaient sur leur corps.
Aún así, los perros se fueron debilitando a medida que los kilómetros iban desgastando sus cuerpos.
Ils avaient parcouru mille huit cents kilomètres pendant l'hiver.
Habían viajado mil ochocientas millas durante el invierno.
Ils ont tiré des traîneaux sur chaque kilomètre de cette distance brutale.
Tiraron de trineos a lo largo de cada milla de esa brutal distancia.
Même les chiens de traîneau les plus robustes ressentent de la tension après tant de kilomètres.
Incluso los perros de trineo más resistentes sienten tensión después de tantos kilómetros.
Buck a tenu bon, a permis à son équipe de travailler et a maintenu la discipline.
Buck aguantó, mantuvo a su equipo trabajando y mantuvo la disciplina.

Mais Buck était fatigué, tout comme les autres pendant le long voyage.
Pero Buck estaba cansado, al igual que los demás en el largo viaje.

Billee gémissait et pleurait dans son sommeil chaque nuit sans faute.
Billee gemía y lloraba mientras dormía todas las noches sin falta.

Joe devint encore plus amer et Solleks resta froid et distant.
Joe se volvió aún más amargado y Solleks se mantuvo frío y distante.

Mais c'est Dave qui a le plus souffert de toute l'équipe.
Pero fue Dave quien sufrió más de todo el equipo.

Quelque chose n'allait pas en lui, même si personne ne savait quoi.
Algo había ido mal dentro de él, aunque nadie sabía qué.

Il est devenu de plus en plus maussade et s'en est pris aux autres avec une colère croissante.
Se volvió más malhumorado y les gritaba a los demás con creciente enojo.

Chaque nuit, il se rendait directement à son nid, attendant d'être nourri.
Cada noche iba directo a su nido, esperando ser alimentado.

Une fois tombé, Dave ne s'est pas relevé avant le matin.
Una vez que cayó, Dave no se levantó hasta la mañana.

Sur les rênes, des secousses ou des sursauts brusques le faisaient crier de douleur.
En las riendas, tirones o arranques repentinos le hacían gritar de dolor.

Son chauffeur a recherché la cause du sinistre, mais n'a constaté aucune blessure.
Su conductor buscó la causa, pero no encontró heridos.

Tous les conducteurs ont commencé à regarder Dave et ont discuté de son cas.
Todos los conductores comenzaron a observar a Dave y discutieron su caso.

Ils ont discuté pendant les repas et pendant leur dernière cigarette de la journée.
Hablaron durante las comidas y durante el último cigarrillo del día.
Une nuit, ils ont tenu une réunion et ont amené Dave au feu.
Una noche tuvieron una reunión y llevaron a Dave al fuego.
Ils pressèrent et sondèrent son corps, et il cria souvent.
Le apretaron y le palparon el cuerpo, y él gritaba a menudo.
De toute évidence, quelque chose n'allait pas, même si aucun os ne semblait cassé.
Estaba claro que algo iba mal, aunque no parecía haber ningún hueso roto.
Au moment où ils atteignirent Cassiar Bar, Dave était en train de tomber.
Cuando llegaron a Cassiar Bar, Dave se estaba cayendo.
Le métis écossais a appelé à la fin et a retiré Dave de l'équipe.
El mestizo escocés pidió un alto y eliminó a Dave del equipo.
Il a attaché Solleks à la place de Dave, le plus près de l'avant du traîneau.
Sujetó a Solleks en el lugar de Dave, más cerca del frente del trineo.
Il avait l'intention de laisser Dave se reposer et courir librement derrière le traîneau en mouvement.
Su intención era dejar que Dave descansara y corriera libremente detrás del trineo en movimiento.
Mais même malade, Dave détestait être privé du travail qu'il avait occupé.
Pero incluso estando enfermo, Dave odiaba que lo sacaran del trabajo que había tenido.
Il grogna et gémit tandis que les rênes étaient retirées de son corps.
Gruñó y gimió cuando le quitaron las riendas del cuerpo.
Quand il vit Solleks à sa place, il pleura de douleur.
Cuando vio a Solleks en su lugar, lloró con el corazón roto.
La fierté du travail sur les sentiers était profonde chez Dave, même à l'approche de la mort.

El orgullo por el trabajo en los senderos estaba profundamente arraigado en Dave, incluso cuando se acercaba la muerte.

Alors que le traîneau se déplaçait, Dave pataugeait dans la neige molle près du sentier.

Mientras el trineo se movía, Dave se tambaleaba sobre la nieve blanda cerca del sendero.

Il a attaqué Solleks, le mordant et le poussant du côté du traîneau.

Atacó a Solleks, mordiéndolo y empujándolo desde el costado del trineo.

Dave a essayé de sauter dans le harnais et de récupérer sa place de travail.

Dave intentó saltar al arnés y recuperar su lugar de trabajo.

Il hurlait, gémissait et pleurait, déchiré entre la douleur et la fierté du travail.

Gritó, se quejó y lloró, dividido entre el dolor y el orgullo por el trabajo.

Le métis a utilisé son fouet pour essayer de chasser Dave de l'équipe.

El mestizo usó su látigo para intentar alejar a Dave del equipo.

Mais Dave ignora le coup de fouet, et l'homme ne put pas le frapper plus fort.

Pero Dave ignoró el látigo y el hombre no pudo golpearlo más fuerte.

Dave a refusé le chemin le plus facile derrière le traîneau, où la neige était tassée.

Dave rechazó el camino más fácil detrás del trineo, donde la nieve estaba acumulada.

Au lieu de cela, il se débattait dans la neige profonde à côté du sentier, dans la misère.

En cambio, luchaba en la nieve profunda junto al sendero, en la miseria.

Finalement, Dave s'est effondré, allongé dans la neige et hurlant de douleur.

Finalmente, Dave se desplomó, quedó tendido en la nieve y aullando de dolor.

Il cria tandis que le long train de traîneaux le dépassait un par un.
Gritó cuando el largo tren de trineos pasó a su lado uno por uno.
Pourtant, avec ce qu'il lui restait de force, il se leva et trébucha après eux.
Aún con las fuerzas que le quedaban, se levantó y tropezó tras ellos.
Il l'a rattrapé lorsque le train s'est arrêté à nouveau et a retrouvé son vieux traîneau.
Lo alcanzó cuando el tren se detuvo nuevamente y encontró su viejo trineo.
Il a dépassé les autres équipes et s'est retrouvé à nouveau aux côtés de Solleks.
Pasó junto a los otros equipos y se quedó de nuevo al lado de Solleks.
Alors que le conducteur s'arrêtait pour allumer sa pipe, Dave saisit sa dernière chance.
Cuando el conductor se detuvo para encender su pipa, Dave aprovechó su última oportunidad.
Lorsque le chauffeur est revenu et a crié, l'équipe n'a pas avancé.
Cuando el conductor regresó y gritó, el equipo no avanzó.
Les chiens avaient tourné la tête, déconcertés par l'arrêt soudain.
Los perros habían girado la cabeza, confundidos por la parada repentina.
Le conducteur était également choqué : le traîneau n'avait pas avancé d'un pouce.
El conductor también estaba sorprendido: el trineo no se había movido ni un centímetro hacia adelante.
Il a appelé les autres pour qu'ils viennent voir ce qui s'était passé.
Llamó a los demás para que vinieran a ver qué había sucedido.
Dave avait mâché les rênes de Solleks, les brisant toutes les deux.

Dave había mordido las riendas de Solleks, rompiéndolas ambas.

Il se tenait maintenant devant le traîneau, de retour à sa position légitime.

Ahora estaba de pie frente al trineo, nuevamente en su posición correcta.

Dave leva les yeux vers le conducteur, le suppliant silencieusement de rester dans les traces.

Dave miró al conductor y le rogó en silencio que se mantuviera en el carril.

Le conducteur était perplexe, ne sachant pas quoi faire pour le chien en difficulté.

El conductor estaba desconcertado, sin saber qué hacer con el perro que luchaba.

Les autres hommes parlaient de chiens qui étaient morts après avoir été emmenés dehors.

Los otros hombres hablaron de perros que habían muerto al ser sacados a la calle.

Ils ont parlé de chiens âgés ou blessés dont le cœur se brisait lorsqu'ils étaient abandonnés.

Contaron sobre perros viejos o heridos cuyo corazón se rompió al ser abandonados.

Ils ont convenu que c'était une preuve de miséricorde de laisser Dave mourir alors qu'il était encore dans son harnais.

Estuvieron de acuerdo en que era una misericordia dejar que Dave muriera mientras aún estaba en su arnés.

Il était attaché au traîneau et Dave tirait avec fierté.

Lo volvieron a sujetar al trineo y Dave tiró con orgullo.

Même s'il criait parfois, il travaillait comme si la douleur pouvait être ignorée.

Aunque a veces gritaba, trabajaba como si el dolor pudiera ignorarse.

Plus d'une fois, il est tombé et a été traîné avant de se relever.

Más de una vez se cayó y fue arrastrado antes de levantarse de nuevo.

Un jour, le traîneau l'a écrasé et il a boité à partir de ce moment-là.
Un día, el trineo pasó por encima de él y desde ese momento empezó a cojear.
Il travailla néanmoins jusqu'à ce qu'il atteigne le camp, puis s'allongea près du feu.
Aún así, trabajó hasta llegar al campamento y luego se acostó junto al fuego.
Le matin, Dave était trop faible pour voyager ou même se tenir debout.
Por la mañana, Dave estaba demasiado débil para viajar o incluso mantenerse en pie.
Au moment de l'attelage, il essaya d'atteindre son conducteur avec un effort tremblant.
En el momento de preparar el arnés, intentó alcanzar a su conductor con un esfuerzo tembloroso.
Il se força à se relever, tituba et s'effondra sur le sol enneigé.
Se obligó a levantarse, se tambaleó y se desplomó sobre el suelo nevado.
À l'aide de ses pattes avant, il a traîné son corps vers la zone de harnais.
Utilizando sus patas delanteras, arrastró su cuerpo hacia el área del arnés.
Il s'avança, pouce par pouce, vers les chiens de travail.
Avanzó poco a poco, centímetro a centímetro, hacia los perros de trabajo.
Ses forces l'abandonnèrent, mais il continua d'avancer dans sa dernière poussée désespérée.
Sus fuerzas se acabaron, pero siguió avanzando en su último y desesperado esfuerzo.
Ses coéquipiers l'ont vu haleter dans la neige, impatients de les rejoindre.
Sus compañeros de equipo lo vieron jadeando en la nieve, todavía deseando unirse a ellos.
Ils l'entendirent hurler de tristesse alors qu'ils quittaient le camp.

Lo oyeron aullar de dolor mientras dejaban atrás el campamento.
Alors que l'équipe disparaissait dans les arbres, le cri de Dave résonna derrière eux.
Cuando el equipo desapareció entre los árboles, el grito de Dave resonó detrás de ellos.
Le train de traîneaux s'est brièvement arrêté après avoir traversé un tronçon de forêt fluviale.
El tren de trineos se detuvo brevemente después de cruzar un tramo de bosque junto al río.
Le métis écossais retourna lentement vers le camp situé derrière lui.
El mestizo escocés caminó lentamente de regreso hacia el campamento que estaba detrás.
Les hommes ont arrêté de parler quand ils l'ont vu quitter le train de traîneaux.
Los hombres dejaron de hablar cuando lo vieron salir del tren de trineos.
Puis un coup de feu retentit clairement et distinctement de l'autre côté du sentier.
Entonces un único disparo se oyó claro y nítido en el camino.
L'homme revint rapidement et reprit sa place sans un mot.
El hombre regresó rápidamente y ocupó su lugar sin decir palabra.
Les fouets claquaient, les cloches tintaient et les traîneaux roulaient dans la neige.
Los látigos crujieron, las campanas tintinearon y los trineos rodaron por la nieve.
Mais Buck savait ce qui s'était passé, et tous les autres chiens aussi.
Pero Buck sabía lo que había sucedido... y todos los demás perros también.

Le travail des rênes et du sentier
El trabajo de las riendas y el sendero

Trente jours après avoir quitté Dawson, le Salt Water Mail atteignit Skaguay.
Treinta días después de salir de Dawson, el Salt Water Mail llegó a Skaguay.
Buck et ses coéquipiers ont pris la tête, arrivant dans un état pitoyable.
Buck y sus compañeros tomaron la delantera, llegando en lamentables condiciones.
Buck était passé de cent quarante à cent quinze livres.
Buck había bajado de ciento cuarenta a ciento quince libras.
Les autres chiens, bien que plus petits, avaient perdu encore plus de poids.
Los otros perros, aunque más pequeños, habían perdido aún más peso corporal.
Pike, autrefois un faux boiteux, traînait désormais derrière lui une jambe véritablement blessée.
Pike, que antes fingía cojear, ahora arrastraba tras él una pierna realmente herida.
Solleks boitait beaucoup et Dub avait une omoplate déchirée.
Solleks cojeaba mucho y Dub tenía un omóplato torcido.
Tous les chiens de l'équipe avaient mal aux pieds après des semaines passées sur le sentier gelé.
Todos los perros del equipo tenían las patas doloridas por las semanas que pasaron en el sendero helado.
Ils n'avaient plus aucun ressort dans leurs pas, seulement un mouvement lent et traînant.
Ya no tenían resorte en sus pasos, sólo un movimiento lento y arrastrado.
Leurs pieds heurtent durement le sentier, chaque pas ajoutant plus de tension à leur corps.
Sus pies golpeaban el sendero con fuerza y cada paso añadía más tensión a sus cuerpos.

Ils n'étaient pas malades, seulement épuisés au-delà de toute guérison naturelle.
No estaban enfermos, sólo agotados más allá de toda recuperación natural.
Ce n'était pas la fatigue d'une dure journée, guérie par une nuit de repos.
No era el cansancio de un día duro que se curaba con una noche de descanso.
C'était un épuisement qui s'était construit lentement au fil de mois d'efforts épuisants.
Fue un agotamiento acumulado lentamente a lo largo de meses de esfuerzo agotador.
Il ne leur restait plus aucune force de réserve : ils avaient épuisé toutes leurs forces.
No quedaban reservas de fuerza: habían agotado todas las que tenían.
Chaque muscle, chaque fibre et chaque cellule de leur corps étaient épuisés et usés.
Cada músculo, fibra y célula de sus cuerpos estaba gastado y desgastado.
Et il y avait une raison : ils avaient parcouru deux mille cinq cents kilomètres.
Y había una razón: habían recorrido dos mil quinientas millas.
Ils ne s'étaient reposés que cinq jours au cours des mille huit cents derniers kilomètres.
Habían descansado sólo cinco días durante las últimas mil ochocientas millas.
Lorsqu'ils arrivèrent à Skaguay, ils semblaient à peine capables de se tenir debout.
Cuando llegaron a Skaguay, parecían apenas capaces de mantenerse en pie.
Ils ont lutté pour garder les rênes serrées et rester devant le traîneau.
Se esforzaron por mantener las riendas tensas y permanecer delante del trineo.
Dans les descentes, ils ont tout juste réussi à éviter d'être écrasés.

En las bajadas sólo lograron evitar ser atropellados.
« **Continuez, pauvres pieds endoloris** », **dit le chauffeur tandis qu'ils boitaient.**
"Sigan adelante, pobres pies doloridos", dijo el conductor mientras cojeaban.
« **C'est la dernière ligne droite, après quoi nous aurons tous droit à un long repos, c'est sûr.** »
"Este es el último tramo, luego todos tendremos un largo descanso, seguro".
« **Un très long repos** », **promit-il en les regardant avancer en titubant.**
"Un descanso verdaderamente largo", prometió mientras los observaba tambalearse hacia adelante.
Les pilotes s'attendaient à bénéficier d'une longue pause bien méritée.
Los conductores esperaban que ahora tuvieran un descanso largo y necesario.
Ils avaient parcouru douze cents milles avec seulement deux jours de repos.
Habían recorrido mil doscientas millas con sólo dos días de descanso.
Par souci d'équité et de raison, ils estimaient avoir mérité un temps de détente.
Por justicia y razón, sintieron que se habían ganado tiempo para relajarse.
Mais trop de gens étaient venus au Klondike et trop peu étaient restés chez eux.
Pero eran demasiados los que habían llegado al Klondike y muy pocos los que se habían quedado en casa.
Les lettres des familles ont afflué, créant des piles de courrier en retard.
Las cartas de las familias llegaron en masa, creando montañas de correo retrasado.
Les ordres officiels sont arrivés : de nouveaux chiens de la Baie d'Hudson allaient prendre le relais.
Llegaron órdenes oficiales: nuevos perros de la Bahía de Hudson tomarían el control.

Les chiens épuisés, désormais considérés comme sans valeur, devaient être éliminés.
Los perros exhaustos, ahora llamados inútiles, debían ser eliminados.
Comme l'argent comptait plus que les chiens, ils allaient être vendus à bas prix.
Como el dinero importaba más que los perros, los iban a vender a bajo precio.
Trois jours supplémentaires passèrent avant que les chiens ne ressentent à quel point ils étaient faibles.
Pasaron tres días más antes de que los perros sintieran lo débiles que estaban.
Le quatrième matin, deux hommes venus des États-Unis ont acheté toute l'équipe.
En la cuarta mañana, dos hombres de Estados Unidos compraron todo el equipo.
La vente comprenait tous les chiens, ainsi que leur harnais usagé.
La venta incluía todos los perros, además de sus arneses usados.
Les hommes s'appelaient mutuellement « Hal » et « Charles » lorsqu'ils concluaient l'affaire.
Los hombres se llamaban entre sí "Hal" y "Charles" mientras completaban el trato.
Charles était d'âge moyen, pâle, avec des lèvres molles et des pointes de moustache féroces.
Charles era un hombre de mediana edad, pálido, con labios flácidos y puntas de bigote feroces.
Hal était un jeune homme, peut-être âgé de dix-neuf ans, portant une ceinture bourrée de cartouches.
Hal era un hombre joven, de unos diecinueve años, que llevaba un cinturón lleno de cartuchos.
La ceinture contenait un gros revolver et un couteau de chasse, tous deux inutilisés.
El cinturón contenía un gran revólver y un cuchillo de caza, ambos sin usar.

Cela a montré à quel point il était inexpérimenté et inapte à la vie dans le Nord.
Esto demostró lo inexperto e inadecuado que era para la vida en el norte.
Aucun des deux hommes n'appartenait à la nature sauvage ; leur présence défiait toute raison.
Ninguno de los dos pertenecía a la naturaleza; su presencia desafiaba toda razón.
Buck a regardé l'argent échanger des mains entre l'acheteur et l'agent.
Buck observó cómo el dinero intercambiaba manos entre el comprador y el agente.
Il savait que les conducteurs du train postal allaient le quitter comme les autres.
Sabía que los conductores de trenes correos abandonaban su vida como el resto.
Ils suivirent Perrault et François, désormais irrévocables.
Siguieron a Perrault y a François, ahora desaparecidos sin posibilidad de recuperación.
Buck et l'équipe ont été conduits dans le camp négligé de leurs nouveaux propriétaires.
Buck y el equipo fueron conducidos al descuidado campamento de sus nuevos dueños.
La tente s'affaissait, la vaisselle était sale et tout était en désordre.
La tienda se hundía, los platos estaban sucios y todo estaba desordenado.
Buck remarqua également une femme : Mercedes, la femme de Charles et la sœur de Hal.
Buck también notó que había una mujer allí: Mercedes, la esposa de Charles y hermana de Hal.
Ils formaient une famille complète, bien que loin d'être adaptée au sentier.
Formaban una familia completa, aunque no eran aptos para el recorrido.
Buck regarda nerveusement le trio commencer à emballer les fournitures.

Buck observó nervioso cómo el trío comenzó a empacar los suministros.

Ils ont travaillé dur mais sans ordre, juste du grabuge et des efforts gaspillés.

Trabajaron duro, pero sin orden: sólo alboroto y esfuerzos desperdiciados.

La tente a été roulée dans une forme volumineuse, beaucoup trop grande pour le traîneau.

La tienda estaba enrollada hasta formar un volumen demasiado grande para el trineo.

La vaisselle sale a été emballée sans avoir été nettoyée ni séchée du tout.

Los platos sucios se empaquetaron sin limpiarlos ni secarlos.

Mercedes voltigeait, parlant constamment, corrigeant et intervenant.

Mercedes revoloteaba por todos lados, hablando, corrigiendo y entrometiéndose constantemente.

Lorsqu'un sac était placé à l'avant, elle insistait pour qu'il soit placé à l'arrière.

Cuando le ponían un saco en el frente, ella insistía en que lo pusieran en la parte de atrás.

Elle a mis le sac au fond, et l'instant d'après, elle en avait besoin.

Metió la bolsa en el fondo y al siguiente momento la necesitó.

Le traîneau a donc été déballé à nouveau pour atteindre le sac spécifique.

De esta manera, el trineo fue desempaquetado nuevamente para alcanzar la bolsa específica.

À proximité, trois hommes se tenaient devant une tente, observant la scène se dérouler.

Cerca de allí, tres hombres estaban parados afuera de una tienda de campaña, observando cómo se desarrollaba la escena.

Ils souriaient, faisaient des clins d'œil et souriaient à la confusion évidente des nouveaux arrivants.

Sonrieron, guiñaron el ojo y sonrieron ante la evidente confusión de los recién llegados.

« Vous avez déjà une charge très lourde », dit l'un des hommes.

"Ya tienes una carga bastante pesada", dijo uno de los hombres.

« Je ne pense pas que tu devrais porter cette tente, mais c'est ton choix. »

"No creo que debas llevar esa tienda de campaña, pero es tu elección".

« Inimaginable ! » s'écria Mercedes en levant les mains de désespoir.

"¡Inimaginable!", exclamó Mercedes levantando las manos con desesperación.

« Comment pourrais-je voyager sans une tente sous laquelle dormir ? »

"¿Cómo podría viajar sin una tienda de campaña donde refugiarme?"

« C'est le printemps, vous ne verrez plus jamais de froid », répondit l'homme.

"Es primavera, ya no volverás a ver el frío", respondió el hombre.

Mais elle secoua la tête et ils continuèrent à empiler des objets sur le traîneau.

Pero ella meneó la cabeza y ellos siguieron apilando objetos en el trineo.

La charge s'élevait dangereusement alors qu'ils ajoutaient les dernières choses.

La carga se elevó peligrosamente a medida que añadían los últimos elementos.

« Tu penses que le traîneau va rouler ? » demanda l'un des hommes avec un regard sceptique.

"¿Crees que el trineo se deslizará?" preguntó uno de los hombres con mirada escéptica.

« Pourquoi pas ? » rétorqua Charles, vivement agacé.

"¿Por qué no debería?", replicó Charles con gran fastidio.

« Oh, ce n'est pas grave », dit rapidement l'homme, s'éloignant de l'offense.

—Está bien —dijo rápidamente el hombre, alejándose un poco de la ofensa.

« Je me demandais juste – ça me semblait un peu trop lourd. »

"Solo me preguntaba, me pareció que tenía la parte superior demasiado pesada".

Charles se détourna et attacha la charge du mieux qu'il put.

Charles se dio la vuelta y ató la carga lo mejor que pudo.

Mais les attaches étaient lâches et l'emballage mal fait dans l'ensemble.

Pero las ataduras estaban sueltas y el embalaje en general estaba mal hecho.

« Bien sûr, les chiens tireront ça toute la journée », a dit un autre homme avec sarcasme.

"Claro, los perros tirarán de eso todo el día", dijo otro hombre con sarcasmo.

« Bien sûr », répondit froidement Hal en saisissant le long mât du traîneau.

—Por supuesto —respondió Hal con frialdad, agarrando el largo palo del trineo.

D'une main sur le poteau, il faisait tournoyer le fouet dans l'autre.

Con una mano en el poste, blandía el látigo con la otra.

« Allons-y ! » cria-t-il. « Allez ! » exhortant les chiens à démarrer.

"¡Vamos!", gritó. "¡Muévanse!", instando a los perros a empezar.

Les chiens se sont penchés sur le harnais et ont tendu pendant quelques instants.

Los perros se inclinaron hacia el arnés y se tensaron durante unos instantes.

Puis ils s'arrêtèrent, incapables de déplacer d'un pouce le traîneau surchargé.

Entonces se detuvieron, incapaces de mover ni un centímetro el trineo sobrecargado.

« Ces brutes paresseuses ! » hurla Hal en levant le fouet pour les frapper.

—¡Esos brutos perezosos! —gritó Hal, levantando el látigo para golpearlos.

Mais Mercedes s'est précipitée et a saisi le fouet des mains de Hal.

Pero Mercedes entró corriendo y le arrebató el látigo de las manos a Hal.

« Oh, Hal, n'ose pas leur faire de mal », s'écria-t-elle, alarmée.

—Oh, Hal, no te atrevas a hacerles daño —gritó alarmada.

« Promets-moi que tu seras gentil avec eux, sinon je n'irai pas plus loin. »

"Prométeme que serás amable con ellos o no daré un paso más".

« Tu ne connais rien aux chiens », lança Hal à sa sœur.

—No sabes nada de perros —le espetó Hal a su hermana.

« Ils sont paresseux, et la seule façon de les déplacer est de les fouetter. »

"Son perezosos y la única forma de moverlos es azotándolos".

« Demandez à n'importe qui, demandez à l'un de ces hommes là-bas si vous doutez de moi. »

"Pregúntale a cualquiera, pregúntale a uno de esos hombres de allí si dudas de mí".

Mercedes regarda les spectateurs avec des yeux suppliants et pleins de larmes.

Mercedes miró a los espectadores con ojos suplicantes y llorosos.

Son visage montrait à quel point elle détestait la vue de la douleur.

Su rostro mostraba lo profundamente que odiaba ver cualquier dolor.

« Ils sont faibles, c'est tout », dit un homme. « Ils sont épuisés. »

"Están débiles, eso es todo", dijo un hombre. "Están agotados".

« Ils ont besoin de repos, ils ont travaillé trop longtemps sans pause. »

"Necesitan descansar, han trabajado demasiado tiempo sin descansar".

« Que le repos soit maudit », murmura Hal, la lèvre retroussée.

—Maldito sea el resto —murmuró Hal con el labio curvado.

Mercedes haleta, clairement peinée par ce mot grossier de sa part.

Mercedes jadeó, visiblemente dolida por la grosera palabra que pronunció.

Pourtant, elle est restée loyale et a immédiatement défendu son frère.

Aún así, ella se mantuvo leal y defendió instantáneamente a su hermano.

« Ne fais pas attention à cet homme », dit-elle à Hal. « Ce sont nos chiens. »

—No le hagas caso a ese hombre —le dijo a Hal—. Son nuestros perros.

« Vous les conduisez comme bon vous semble, faites ce que vous pensez être juste. »

"Los conduces como mejor te parezca, haz lo que creas correcto".

Hal leva le fouet et frappa à nouveau les chiens sans pitié.

Hal levantó el látigo y volvió a golpear a los perros sin piedad.

Ils se sont précipités en avant, le corps bas, les pieds poussant dans la neige.

Se lanzaron hacia adelante, con el cuerpo agachado y los pies hundidos en la nieve.

Toutes leurs forces étaient utilisées pour tirer, mais le traîneau ne bougeait pas.

Ponían toda su fuerza en tirar, pero el trineo no se movía.

Le traîneau est resté coincé, comme une ancre figée dans la neige tassée.

El trineo quedó atascado, como un ancla congelada en la nieve compacta.

Après un deuxième effort, les chiens s'arrêtèrent à nouveau, haletants.

Tras un segundo esfuerzo, los perros se detuvieron de nuevo, jadeando con fuerza.

Hal leva à nouveau le fouet, juste au moment où Mercedes intervenait à nouveau.
Hal levantó el látigo una vez más, justo cuando Mercedes interfirió nuevamente.

Elle tomba à genoux devant Buck et lui serra le cou.
Ella cayó de rodillas frente a Buck y abrazó su cuello.

Les larmes lui montèrent aux yeux tandis qu'elle suppliait le chien épuisé.
Las lágrimas llenaron sus ojos mientras le suplicaba al perro exhausto.

« Pauvres chéris », dit-elle, « pourquoi ne tirez-vous pas plus fort ? »
"Pobres queridos", dijo, "¿por qué no tiran más fuerte?"

« Si tu tires, tu ne seras pas fouetté comme ça. »
"Si tiras, no te azotarán así".

Buck n'aimait pas Mercedes, mais il était trop fatigué pour lui résister maintenant.
A Buck no le gustaba Mercedes, pero estaba demasiado cansado para resistirse a ella ahora.

Il accepta ses larmes comme une simple partie de cette journée misérable.
Él aceptó sus lágrimas como una parte más de ese día miserable.

L'un des hommes qui regardaient a finalement parlé après avoir retenu sa colère.
Uno de los hombres que observaban finalmente habló después de contener su ira.

« Je me fiche de ce qui vous arrive, mais ces chiens comptent. »
"No me importa lo que les pase a ustedes, pero esos perros importan".

« Si vous voulez aider, détachez ce traîneau, il est gelé dans la neige. »
"Si quieres ayudar, suelta ese trineo: está congelado hasta la nieve".

« Appuyez fort sur la perche, à droite et à gauche, et brisez le sceau de glace. »

"Presiona con fuerza el polo G, derecha e izquierda, y rompe el sello de hielo".

Une troisième tentative a été faite, cette fois-ci suite à la suggestion de l'homme.
Se hizo un tercer intento, esta vez siguiendo la sugerencia del hombre.

Hal a balancé le traîneau d'un côté à l'autre, libérant les patins.
Hal balanceó el trineo de un lado a otro, soltando los patines.

Le traîneau, bien que surchargé et maladroit, a finalement fait un bond en avant.
El trineo, aunque sobrecargado y torpe, finalmente avanzó con dificultad.

Buck et les autres tiraient sauvagement, poussés par une tempête de coups de fouet.
Buck y los demás tiraron salvajemente, impulsados por una tormenta de latigazos.

Une centaine de mètres plus loin, le sentier courbait et descendait en pente dans la rue.
Cien metros más adelante, el sendero se curvaba y descendía hacia la calle.

Il aurait fallu un conducteur expérimenté pour maintenir le traîneau droit.
Se hubiera necesitado un conductor habilidoso para mantener el trineo en posición vertical.

Hal n'était pas habile et le traîneau a basculé en tournant dans le virage.
Hal no era hábil y el trineo se volcó al girar en la curva.

Les sangles lâches ont cédé et la moitié de la charge s'est répandue sur la neige.
Las ataduras sueltas cedieron y la mitad de la carga se derramó sobre la nieve.

Les chiens ne s'arrêtèrent pas ; le traîneau le plus léger volait sur le côté.
Los perros no se detuvieron; el trineo, más ligero, siguió volando de lado.

En colère à cause des mauvais traitements et du lourd fardeau, les chiens couraient plus vite.
Enojados por el abuso y la pesada carga, los perros corrieron más rápido.

Buck, furieux, s'est mis à courir, suivi par l'équipe.
Buck, furioso, echó a correr, con el equipo siguiéndolo detrás.

Hal a crié « Whoa ! Whoa ! » mais l'équipe ne lui a pas prêté attention.
Hal gritó "¡Guau! ¡Guau!", pero el equipo no le hizo caso.

Il a trébuché, est tombé et a été traîné au sol par le harnais.
Tropezó, cayó y fue arrastrado por el suelo por el arnés.

Le traîneau renversé l'a heurté tandis que les chiens couraient devant.
El trineo volcado saltó sobre él mientras los perros corrían delante.

Le reste des fournitures est dispersé dans la rue animée de Skaguay.
El resto de los suministros se dispersaron por la concurrida calle de Skaguay.

Des personnes au grand cœur se sont précipitées pour arrêter les chiens et rassembler le matériel.
La gente bondadosa se apresuró a detener a los perros y recoger el equipo.

Ils ont également donné des conseils, directs et pratiques, aux nouveaux voyageurs.
También dieron consejos, contundentes y prácticos, a los nuevos viajeros.

« Si vous voulez atteindre Dawson, prenez la moitié du chargement et doublez les chiens. »
"Si quieres llegar a Dawson, lleva la mitad de la carga y el doble de perros".

Hal, Charles et Mercedes écoutaient, mais sans enthousiasme.
Hal, Charles y Mercedes escucharon, aunque no con entusiasmo.

Ils ont installé leur tente et ont commencé à trier leurs provisions.

Instalaron su tienda de campaña y comenzaron a clasificar sus suministros.

Des conserves sont sorties, ce qui a fait rire les spectateurs.

Salieron alimentos enlatados, lo que hizo reír a carcajadas a los espectadores.

« Des conserves sur le sentier ? Tu vas mourir de faim avant qu'elles ne fondent », a dit l'un d'eux.

"¿Enlatado en el camino? Te morirás de hambre antes de que se derrita", dijo uno.

« Des couvertures d'hôtel ? Tu ferais mieux de toutes les jeter. »

¿Mantas de hotel? Mejor tíralas todas.

« Laissez tomber la tente aussi, et personne ne fait la vaisselle ici. »

"Si también deshazte de la tienda de campaña, aquí nadie lava los platos".

« Tu crois que tu voyages dans un train Pullman avec des domestiques à bord ? »

¿Crees que estás viajando en un tren Pullman con sirvientes a bordo?

Le processus a commencé : chaque objet inutile a été jeté de côté.

El proceso comenzó: todos los objetos inútiles fueron arrojados a un lado.

Mercedes a pleuré lorsque ses sacs ont été vidés sur le sol enneigé.

Mercedes lloró cuando sus maletas fueron vaciadas en el suelo nevado.

Elle sanglotait sur chaque objet jeté, un par un, sans pause.

Ella sollozaba por cada objeto que tiraba, uno por uno, sin pausa.

Elle jura de ne plus faire un pas de plus, même pas pendant dix Charles.

Ella juró no dar un paso más, ni siquiera por diez Charleses.

Elle a supplié chaque personne à proximité de la laisser garder ses objets précieux.

Ella le rogó a cada persona cercana que le permitiera conservar sus cosas preciosas.

Finalement, elle s'essuya les yeux et commença à jeter même les vêtements essentiels.

Por último, se secó los ojos y comenzó a arrojar incluso la ropa más importante.

Une fois les siennes terminées, elle commença à vider les provisions des hommes.

Cuando terminó con los suyos, comenzó a vaciar los suministros de los hombres.

Comme un tourbillon, elle a déchiré les affaires de Charles et Hal.

Como un torbellino, destrozó las pertenencias de Charles y Hal.

Même si la charge était réduite de moitié, elle était encore bien plus lourde que nécessaire.

Aunque la carga se redujo a la mitad, todavía era mucho más pesada de lo necesario.

Cette nuit-là, Charles et Hal sont sortis et ont acheté six nouveaux chiens.

Esa noche, Charles y Hal salieron y compraron seis perros nuevos.

Ces nouveaux chiens ont rejoint les six originaux, plus Teek et Koona.

Estos nuevos perros se unieron a los seis originales, además de Teek y Koona.

Ensemble, ils formaient une équipe de quatorze chiens attelés au traîneau.

Juntos formaron un equipo de catorce perros enganchados al trineo.

Mais les nouveaux chiens n'étaient pas aptes et mal entraînés au travail en traîneau.

Pero los nuevos perros no eran aptos y estaban mal entrenados para el trabajo con trineos.

Trois des chiens étaient des pointeurs à poil court et un était un Terre-Neuve.

Tres de los perros eran pointers de pelo corto y uno era un Terranova.
Les deux derniers chiens étaient des bâtards sans race ni objectif clairement définis.
Los dos últimos perros eran mestizos, sin ninguna raza ni propósito claros.
Ils n'ont pas compris le sentier et ne l'ont pas appris rapidement.
No entendieron el camino y no lo aprendieron rápidamente.
Buck et ses compagnons les regardaient avec mépris et une profonde irritation.
Buck y sus compañeros los miraron con desprecio y profunda irritación.
Bien que Buck leur ait appris ce qu'il ne fallait pas faire, il ne pouvait pas leur enseigner le devoir.
Aunque Buck les enseñó lo que no debían hacer, no podía enseñarles cuál era el deber.
Ils n'ont pas bien supporté la vie sur les sentiers ni la traction des rênes et des traîneaux.
No se adaptaron bien a la vida en senderos ni al tirón de las riendas y los trineos.
Seuls les bâtards essayaient de s'adapter, et même eux manquaient d'esprit combatif.
Sólo los mestizos intentaron adaptarse, e incluso a ellos les faltó espíritu de lucha.
Les autres chiens étaient confus, affaiblis et brisés par leur nouvelle vie.
Los demás perros estaban confundidos, debilitados y destrozados por su nueva vida.
Les nouveaux chiens étant désemparés et les anciens épuisés, l'espoir était mince.
Con los nuevos perros desorientados y los viejos exhaustos, la esperanza era escasa.
L'équipe de Buck avait parcouru deux mille cinq cents kilomètres de sentiers difficiles.
El equipo de Buck había recorrido dos mil quinientas millas de senderos difíciles.

Pourtant, les deux hommes étaient joyeux et fiers de leur grande équipe de chiens.
Aún así, los dos hombres estaban alegres y orgullosos de su gran equipo de perros.
Ils pensaient voyager avec style, avec quatorze chiens attelés.
Creían que viajaban con estilo, con catorce perros enganchados.
Ils avaient vu des traîneaux partir pour Dawson, et d'autres en arriver.
Habían visto trineos partir hacia Dawson y otros llegar desde allí.
Mais ils n'en avaient jamais vu un tiré par quatorze chiens.
Pero nunca habían visto uno tirado por tantos catorce perros.
Il y avait une raison pour laquelle de telles équipes étaient rares dans la nature sauvage de l'Arctique.
Había una razón por la que equipos como ese eran raros en el desierto del Ártico.
Aucun traîneau ne pouvait transporter suffisamment de nourriture pour nourrir quatorze chiens pendant le voyage.
Ningún trineo podría transportar suficiente comida para alimentar a catorce perros durante el viaje.
Mais Charles et Hal ne le savaient pas : ils avaient fait le calcul.
Pero Charles y Hal no lo sabían: habían hecho los cálculos.
Ils ont planifié la nourriture : tant par chien, tant de jours, et c'est fait.
Planificaron la comida: tanta cantidad por perro, tantos días, y listo.
Mercedes regarda leurs chiffres et hocha la tête comme si cela avait du sens.
Mercedes miró sus figuras y asintió como si tuviera sentido.
Tout cela lui semblait très simple, du moins sur le papier.
Todo le parecía muy sencillo, al menos en el papel.

Le lendemain matin, Buck conduisit lentement l'équipe dans la rue enneigée.

A la mañana siguiente, Buck guió al equipo lentamente por la calle nevada.

Il n'y avait aucune énergie ni aucun esprit en lui ou chez les chiens derrière lui.

No había energía ni espíritu en él ni en los perros detrás de él.

Ils étaient épuisés dès le départ, il n'y avait plus de réserve.

Estaban muertos de cansancio desde el principio: no les quedaban reservas.

Buck avait déjà effectué quatre voyages entre Salt Water et Dawson.

Buck ya había hecho cuatro viajes entre Salt Water y Dawson.

Maintenant, confronté à nouveau à la même épreuve, il ne ressentait que de l'amertume.

Ahora, enfrentado nuevamente el mismo desafío, no sentía nada más que amargura.

Son cœur n'y était pas, ni celui des autres chiens.

Su corazón no estaba en ello, ni tampoco el corazón de los otros perros.

Les nouveaux chiens étaient timides et les huskies manquaient totalement de confiance.

Los nuevos perros eran tímidos y los huskies carecían de confianza.

Buck sentait qu'il ne pouvait pas compter sur ces deux hommes ou sur leur sœur.

Buck sintió que no podía confiar en estos dos hombres ni en su hermana.

Ils ne savaient rien et ne montraient aucun signe d'apprentissage sur le sentier.

No sabían nada y no mostraron señales de aprender en el camino.

Ils étaient désorganisés et manquaient de tout sens de la discipline.

Estaban desorganizados y carecían de cualquier sentido de disciplina.

Il leur fallait à chaque fois la moitié de la nuit pour monter un campement bâclé.

Les tomó media noche montar un campamento descuidado cada vez.

Et ils passèrent la moitié de la matinée suivante à tâtonner à nouveau avec le traîneau.

Y la mitad de la mañana siguiente la pasaron otra vez jugueteando con el trineo.

À midi, ils s'arrêtaient souvent juste pour réparer la charge inégale.

Al mediodía, a menudo se detenían simplemente para arreglar la carga desigual.

Certains jours, ils parcouraient moins de dix milles au total.

Algunos días, viajaron menos de diez millas en total.

D'autres jours, ils ne parvenaient pas du tout à quitter le camp.

Otros días ni siquiera conseguían salir del campamento.

Ils n'ont jamais réussi à couvrir la distance alimentaire prévue.

Nunca llegaron a cubrir la distancia alimentaria planificada.

Comme prévu, ils ont très vite manqué de nourriture pour les chiens.

Como era de esperar, muy rápidamente se quedaron sin comida para los perros.

Ils ont aggravé la situation en les suralimentant au début.

Empeoró las cosas sobrealimentándolos en los primeros días.

À chaque ration négligée, la famine se rapprochait.

Esto acercaba la hambruna con cada ración descuidada.

Les nouveaux chiens n'avaient pas appris à survivre avec très peu.

Los nuevos perros no habían aprendido a sobrevivir con muy poco.

Ils mangeaient avec faim, avec un appétit trop grand pour le sentier.

Comieron con hambre, con apetitos demasiado grandes para el camino.

Voyant les chiens s'affaiblir, Hal pensait que la nourriture n'était pas suffisante.

Al ver que los perros se debilitaban, Hal creyó que la comida no era suficiente.
Il a doublé les rations, rendant l'erreur encore pire.
Duplicó las raciones, empeorando aún más el error.
Mercedes a aggravé le problème avec ses larmes et ses douces supplications.
Mercedes añadió más problemas con lágrimas y suaves súplicas.
Comme elle n'arrivait pas à convaincre Hal, elle nourrissait les chiens en secret.
Cuando no pudo convencer a Hal, alimentó a los perros en secreto.
Elle a volé des sacs de poissons et les leur a donnés dans son dos.
Ella robó de los sacos de pescado y se lo dio a sus espaldas.
Mais ce dont les chiens avaient réellement besoin, ce n'était pas de plus de nourriture, mais de repos.
Pero lo que los perros realmente necesitaban no era más comida: era descanso.
Ils progressaient mal, mais le lourd traîneau continuait à avancer.
Iban a poca velocidad, pero el pesado trineo aún seguía avanzando.
Ce poids à lui seul épuisait chaque jour leurs forces restantes.
Ese peso solo les quitaba las fuerzas que les quedaban cada día.
Puis vint l'étape de la sous-alimentation, les réserves s'épuisant.
Luego vino la etapa de desalimentación ya que los suministros escasearon.
Un matin, Hal s'est rendu compte que la moitié de la nourriture pour chien avait déjà disparu.
Una mañana, Hal se dio cuenta de que la mitad de la comida para perros ya había desaparecido.
Ils n'avaient parcouru qu'un quart de la distance totale du sentier.

Sólo habían recorrido una cuarta parte de la distancia total del recorrido.

On ne pouvait plus acheter de nourriture, quel que soit le prix proposé.
No se podía comprar más comida por ningún precio que se ofreciera.

Il a réduit les portions des chiens en dessous de la ration quotidienne standard.
Redujo las raciones de los perros por debajo de la ración diaria estándar.

Dans le même temps, il a exigé des voyages plus longs pour compenser la perte.
Al mismo tiempo, exigió viajes más largos para compensar las pérdidas.

Mercedes et Charles ont soutenu ce plan, mais ont échoué dans son exécution.
Mercedes y Carlos apoyaron este plan, pero fracasaron en su ejecución.

Leur lourd traîneau et leur manque de compétences rendaient la progression presque impossible.
Su pesado trineo y su falta de habilidad hicieron que el avance fuera casi imposible.

Il était facile de donner moins de nourriture, mais impossible de forcer plus d'efforts.
Era fácil dar menos comida, pero imposible forzar más esfuerzo.

Ils ne pouvaient pas commencer plus tôt, ni voyager pendant des heures supplémentaires.
No podían salir temprano ni tampoco viajar horas extras.

Ils ne savaient pas comment travailler les chiens, ni eux-mêmes d'ailleurs.
No sabían cómo trabajar con los perros, ni tampoco ellos mismos.

Le premier chien à mourir était Dub, le voleur malchanceux mais travailleur.
El primer perro que murió fue Dub, el desafortunado pero trabajador ladrón.

Bien que souvent puni, Dub avait fait sa part sans se plaindre.
Aunque a menudo lo castigaban, Dub había hecho su parte sin quejarse.
Son épaule blessée s'est aggravée sans qu'il soit nécessaire de prendre soin de lui et de se reposer.
Su hombro lesionado empeoró sin cuidados ni necesidad de descanso.
Finalement, Hal a utilisé le revolver pour mettre fin aux souffrances de Dub.
Finalmente, Hal usó el revólver para acabar con el sufrimiento de Dub.
Un dicton courant dit que les chiens normaux meurent à cause des rations de husky.
Un dicho común afirma que los perros normales mueren con raciones para perros esquimales.
Les six nouveaux compagnons de Buck n'avaient que la moitié de la part de nourriture du husky.
Los seis nuevos compañeros de Buck tenían sólo la mitad de la porción de comida del husky.
Le Terre-Neuve est mort en premier, puis les trois braques à poil court.
Primero murió el Terranova y después los tres bracos de pelo corto.
Les deux bâtards résistèrent plus longtemps mais finirent par périr comme les autres.
Los dos mestizos resistieron más tiempo pero finalmente perecieron como el resto.
À cette époque, toutes les commodités et la douceur du Southland avaient disparu.
Para entonces, todas las comodidades y la dulzura de Southland habían desaparecido.
Les trois personnes avaient perdu les dernières traces de leur éducation civilisée.
Las tres personas habían perdido los últimos vestigios de su educación civilizada.

Dépouillé de glamour et de romantisme, le voyage dans l'Arctique est devenu brutalement réel.
Despojado de glamour y romance, el viaje al Ártico se volvió brutalmente real.
C'était une réalité trop dure pour leur sens de la virilité et de la féminité.
Era una realidad demasiado dura para su sentido de masculinidad y feminidad.
Mercedes ne pleurait plus pour les chiens, mais maintenant elle pleurait seulement pour elle-même.
Mercedes ya no lloraba por los perros, ahora lloraba sólo por ella misma.
Elle passait son temps à pleurer et à se disputer avec Hal et Charles.
Pasó su tiempo llorando y peleando con Hal y Charles.
Se disputer était la seule chose qu'ils n'étaient jamais trop fatigués de faire.
Pelear era lo único que nunca estaban demasiado cansados para hacer.
Leur irritabilité provenait de la misère, grandissait avec elle et la surpassait.
Su irritabilidad surgió de la miseria, creció con ella y la superó.
La patience du sentier, connue de ceux qui peinent et souffrent avec bienveillance, n'est jamais venue.
La paciencia del camino, conocida por quienes trabajan y sufren con bondad, nunca llegó.
Cette patience, qui garde la parole douce malgré la douleur, leur était inconnue.
Esa paciencia que conserva dulce la palabra a pesar del dolor les era desconocida.
Ils n'avaient aucune trace de patience, aucune force tirée de la souffrance avec grâce.
No tenían ni un ápice de paciencia ni la fuerza que suponía sufrir con gracia.
Ils étaient raides de douleur : leurs muscles, leurs os et leur cœur étaient douloureux.

Estaban rígidos por el dolor: les dolían los músculos, los huesos y el corazón.

À cause de cela, ils devinrent acerbes et prompts à prononcer des paroles dures.

Por eso se volvieron afilados de lengua y rápidos para usar palabras ásperas.

Chaque jour commençait et se terminait par des voix en colère et des plaintes amères.

Cada día comenzaba y terminaba con voces enojadas y amargas quejas.

Charles et Hal se disputaient chaque fois que Mercedes leur en donnait l'occasion.

Charles y Hal discutían cada vez que Mercedes les daba una oportunidad.

Chaque homme estimait avoir fait plus que sa juste part du travail.

Cada hombre creía que hacía más de lo que le correspondía en el trabajo.

Aucun des deux n'a jamais manqué une occasion de le dire, encore et encore.

Ninguno de los dos perdió la oportunidad de decirlo una y otra vez.

Parfois, Mercedes se rangeait du côté de Charles, parfois du côté de Hal.

A veces Mercedes se ponía del lado de Charles, a veces del lado de Hal.

Cela a conduit à une grande et interminable querelle entre les trois.

Esto dio lugar a una gran e interminable disputa entre los tres.

Une dispute sur la question de savoir qui devait couper le bois de chauffage est devenue incontrôlable.

Una disputa sobre quién debería cortar leña se salió de control.

Bientôt, les pères, les mères, les cousins et les parents décédés ont été nommés.

Pronto se nombraron padres, madres, primos y parientes muertos.

Les opinions de Hal sur l'art ou les pièces de son oncle sont devenues partie intégrante du combat.
Las opiniones de Hal sobre el arte o las obras de su tío se convirtieron en parte de la pelea.
Les convictions politiques de Charles sont également entrées dans le débat.
Las creencias políticas de Charles también entraron en el debate.
Pour Mercedes, même les ragots de la sœur de son mari semblaient pertinents.
Para Mercedes, incluso los chismes de la hermana de su marido parecían relevantes.
Elle a exprimé son opinion sur ce sujet et sur de nombreux défauts de la famille de Charles.
Ella expresó sus opiniones sobre eso y sobre muchos de los defectos de la familia de Charles.
Pendant qu'ils se disputaient, le feu restait éteint et le camp à moitié monté.
Mientras discutían, el fuego permaneció apagado y el campamento medio montado.
Pendant ce temps, les chiens restaient froids et sans nourriture.
Mientras tanto, los perros permanecieron fríos y sin comida.
Mercedes avait un grief qu'elle considérait comme profondément personnel.
Mercedes tenía un motivo de queja que consideraba profundamente personal.
Elle se sentait maltraitée en tant que femme, privée de ses doux privilèges.
Se sintió maltratada como mujer, negándole sus privilegios de gentileza.
Elle était jolie et douce, et habituée à la chevalerie toute sa vie.
Ella era bonita y dulce, y acostumbrada a la caballerosidad toda su vida.
Mais son mari et son frère la traitaient désormais avec impatience.

Pero su marido y su hermano ahora la trataban con impaciencia.
Elle avait pour habitude d'agir comme si elle était impuissante, et ils commencèrent à se plaindre.
Su costumbre era actuar con impotencia y comenzaron a quejarse.
Offensée par cela, elle leur rendit la vie encore plus difficile.
Ofendida por esto, les hizo la vida aún más difícil.
Elle a ignoré les chiens et a insisté pour conduire elle-même le traîneau.
Ella ignoró a los perros e insistió en montar ella misma el trineo.
Bien que légère en apparence, elle pesait cent vingt livres.
Aunque parecía ligera de aspecto, pesaba ciento veinte libras.
Ce fardeau supplémentaire était trop lourd pour les chiens affamés et faibles.
Esa carga adicional era demasiado para los perros hambrientos y débiles.
Elle a continué à monter pendant des jours, jusqu'à ce que les chiens s'effondrent sous les rênes.
Aún así, ella cabalgó durante días, hasta que los perros se desplomaron en las riendas.
Le traîneau s'arrêta et Charles et Hal la supplièrent de marcher.
El trineo se detuvo y Charles y Hal le rogaron que caminara.
Ils la supplièrent et la supplièrent, mais elle pleura et les traita de cruels.
Ellos suplicaron y rogaron, pero ella lloró y los llamó crueles.
À une occasion, ils l'ont tirée du traîneau avec force et colère.
En una ocasión la sacaron del trineo con pura fuerza y enojo.
Ils n'ont plus jamais essayé après ce qui s'est passé cette fois-là.
Nunca volvieron a intentarlo después de lo que pasó aquella vez.
Elle devint molle comme un enfant gâté et s'assit dans la neige.

Ella se quedó flácida como un niño mimado y se sentó en la nieve.
Ils continuèrent leur chemin, mais elle refusa de se lever ou de les suivre.
Ellos siguieron adelante, pero ella se negó a levantarse o seguirlos.
Après trois milles, ils s'arrêtèrent, revinrent et la ramenèrent.
Después de tres millas, se detuvieron, regresaron y la llevaron de regreso.
Ils l'ont rechargée sur le traîneau, en utilisant encore une fois la force brute.
La volvieron a cargar en el trineo, nuevamente usando la fuerza bruta.
Dans leur profonde misère, ils étaient insensibles à la souffrance des chiens.
En su profunda miseria, fueron insensibles al sufrimiento de los perros.
Hal croyait qu'il fallait s'endurcir et il a imposé cette croyance aux autres.
Hal creía que uno debía endurecerse y forzar esa creencia a los demás.
Il a d'abord essayé de prêcher sa philosophie à sa sœur
Primero intentó predicar su filosofía a su hermana.
et puis, sans succès, il prêcha à son beau-frère.
y luego, sin éxito, le predicó a su cuñado.
Il a eu plus de succès avec les chiens, mais seulement parce qu'il leur a fait du mal.
Tuvo más éxito con los perros, pero sólo porque los lastimaba.
Chez Five Fingers, la nourriture pour chiens est complètement épuisée.
En Five Fingers, la comida para perros se quedó completamente sin comida.
Une vieille squaw édentée a vendu quelques kilos de peau de cheval congelée
Una vieja india desdentada vendió unas cuantas libras de cuero de caballo congelado
Hal a échangé son revolver contre la peau de cheval séchée.

Hal cambió su revólver por la piel de caballo seca.

La viande provenait de chevaux affamés d'éleveurs de bétail des mois auparavant.

La carne había procedido de caballos hambrientos de ganaderos meses antes.

Gelée, la peau était comme du fer galvanisé ; dure et immangeable.

Congelada, la piel era como hierro galvanizado: dura y incomestible.

Les chiens devaient mâcher la peau sans fin pour la manger.

Los perros tenían que masticar sin parar la piel para poder comérsela.

Mais les cordes en cuir et les cheveux courts n'étaient guère une nourriture.

Pero las cuerdas correosas y el pelo corto no constituían apenas alimento.

La majeure partie de la peau était irritante et ne constituait pas véritablement de la nourriture.

La mayor parte de la piel era irritante y no era alimento en ningún sentido estricto.

Et pendant tout ce temps, Buck titubait en tête, comme dans un cauchemar.

Y durante todo ese tiempo, Buck se tambaleaba al frente, como en una pesadilla.

Il tirait quand il le pouvait ; quand il ne le pouvait pas, il restait allongé jusqu'à ce qu'un fouet ou un gourdin le relève.

Tiraba cuando podía, y cuando no, se quedaba tendido hasta que un látigo o un garrote lo levantaban.

Son pelage fin et brillant avait perdu toute sa rigidité et son éclat d'autrefois.

Su fino y brillante pelaje había perdido toda la rigidez y brillo que alguna vez tuvo.

Ses cheveux pendaient, mous, en bataille et coagulés par le sang séché des coups.

Su cabello colgaba lacio, enmarañado y cubierto de sangre seca por los golpes.

Ses muscles se sont réduits à l'état de cordes et ses coussinets de chair étaient tous usés.
Sus músculos se encogieron hasta convertirse en cuerdas y sus almohadillas de carne estaban todas desgastadas.

Chaque côte, chaque os apparaissait clairement à travers les plis de la peau ridée.
Cada costilla, cada hueso se veía claramente a través de los pliegues de la piel arrugada.

C'était déchirant, mais le cœur de Buck ne pouvait pas se briser.
Fue desgarrador, pero el corazón de Buck no podía romperse.

L'homme au pull rouge avait testé cela et l'avait prouvé il y a longtemps.
El hombre del suéter rojo lo había probado y demostrado hacía mucho tiempo.

Comme ce fut le cas pour Buck, ce fut le cas pour tous ses coéquipiers restants.
Tal como sucedió con Buck, sucedió con el resto de sus compañeros de equipo.

Il y en avait sept au total, chacun étant un squelette ambulant de misère.
Eran siete en total, cada uno de ellos un esqueleto andante de miseria.

Ils étaient devenus insensibles au fouet, ne ressentant qu'une douleur lointaine.
Se habían vuelto insensibles a los latigazos y solo sentían un dolor distante.

Même la vue et le son leur parvenaient faiblement, comme à travers un épais brouillard.
Incluso la vista y el sonido les llegaban débilmente, como a través de una espesa niebla.

Ils n'étaient pas à moitié vivants : c'étaient des os avec de faibles étincelles à l'intérieur.
No estaban ni medio vivos: eran huesos con tenues chispas en su interior.

Lorsqu'ils s'arrêtèrent, ils s'effondrèrent comme des cadavres, leurs étincelles presque éteintes.

Al detenerse, se desplomaron como cadáveres y sus chispas casi desaparecieron.

Et lorsque le fouet ou le gourdin frappaient à nouveau, les étincelles voltigeaient faiblement.

Y cuando el látigo o el garrote volvían a golpear, las chispas revoloteaban débilmente.

Puis ils se levèrent, titubèrent en avant et traînèrent leurs membres en avant.

Entonces se levantaron, se tambalearon hacia adelante y arrastraron sus extremidades hacia delante.

Un jour, le gentil Billee tomba et ne put plus se relever du tout.

Un día el amable Billee se cayó y ya no pudo levantarse.

Hal avait échangé son revolver, alors il a utilisé une hache pour tuer Billee à la place.

Hal había cambiado su revólver, por lo que utilizó un hacha para matar a Billee.

Il le frappa à la tête, puis lui coupa le corps et le traîna.

Lo golpeó en la cabeza, luego le cortó el cuerpo y se lo llevó arrastrado.

Buck vit cela, et les autres aussi ; ils savaient que la mort était proche.

Buck vio esto, y también los demás; sabían que la muerte estaba cerca.

Le lendemain, Koona partit, ne laissant que cinq chiens dans l'équipe affamée.

Al día siguiente Koona se fue, dejando sólo cinco perros en el equipo hambriento.

Joe, qui n'était plus méchant, était trop loin pour se rendre compte de quoi que ce soit.

Joe, que ya no era malo, estaba demasiado perdido como para darse cuenta de gran cosa.

Pike, ne faisant plus semblant d'être blessé, était à peine conscient.

Pike, que ya no fingía su lesión, estaba apenas consciente.

Solleks, toujours fidèle, se lamentait de ne plus avoir de force à donner.

Solleks, todavía fiel, lamentó no tener fuerzas para dar.

Teek a été le plus battu parce qu'il était plus frais, mais qu'il s'estompait rapidement.

Teek fue el que más perdió porque estaba más fresco, pero su rendimiento se estaba agotando rápidamente.

Et Buck, toujours en tête, ne maintenait plus l'ordre ni ne le faisait respecter.

Y Buck, todavía a la cabeza, ya no mantenía el orden ni lo hacía cumplir.

À moitié aveugle à cause de sa faiblesse, Buck suivit la piste au toucher seul.

Medio ciego por la debilidad, Buck siguió el rastro sólo por el tacto.

C'était un beau temps printanier, mais aucun d'entre eux ne l'a remarqué.

Era un hermoso clima primaveral, pero ninguno de ellos lo notó.

Chaque jour, le soleil se levait plus tôt et se couchait plus tard qu'avant.

Cada día el sol salía más temprano y se ponía más tarde que el anterior.

À trois heures du matin, l'aube était arrivée ; le crépuscule durait jusqu'à neuf heures.

A las tres de la mañana ya había amanecido; el crepúsculo duró hasta las nueve.

Les longues journées étaient remplies du plein soleil printanier.

Los largos días estuvieron llenos del resplandor del sol primaveral.

Le silence fantomatique de l'hiver s'était transformé en un murmure chaleureux.

El silencio fantasmal del invierno se había transformado en un cálido murmullo.

Toute la terre s'éveillait, animée par la joie des êtres vivants.

Toda la tierra estaba despertando, viva con la alegría de los seres vivos.

Le bruit provenait de ce qui était resté mort et immobile pendant l'hiver.
El sonido provenía de lo que había permanecido muerto e inmóvil durante el invierno.
Maintenant, ces choses bougeaient à nouveau, secouant le long sommeil de gel.
Ahora, esas cosas se movieron nuevamente, sacudiéndose el largo sueño helado.
La sève montait à travers les troncs sombres des pins en attente.
La savia subía a través de los oscuros troncos de los pinos que esperaban.
Les saules et les trembles font apparaître de jeunes bourgeons brillants sur chaque brindille.
Los sauces y los álamos brotan brillantes y jóvenes brotes en cada ramita.
Les arbustes et les vignes se parent d'un vert frais tandis que les bois prennent vie.
Los arbustos y las enredaderas se vistieron de un verde fresco a medida que el bosque cobraba vida.
Les grillons chantaient la nuit et les insectes rampaient au soleil.
Los grillos cantaban por la noche y los insectos se arrastraban bajo el sol del día.
Les perdrix résonnaient et les pics frappaient profondément dans les arbres.
Las perdices graznaban y los pájaros carpinteros picoteaban en lo profundo de los árboles.
Les écureuils bavardaient, les oiseaux chantaient et les oies klaxonnaient au-dessus des chiens.
Las ardillas parloteaban, los pájaros cantaban y los gansos graznaban al hablarles a los perros.
Les oiseaux sauvages arrivaient en groupes serrés, volant vers le haut depuis le sud.
Las aves silvestres llegaron en grupos afilados, volando desde el sur.

De chaque colline venait la musique des ruisseaux cachés et impétueux.
De cada ladera llegaba la música de arroyos ocultos y caudalosos.
Toutes choses ont dégelé et se sont brisées, se sont pliées et ont repris leur mouvement.
Todas las cosas se descongelaron y se rompieron, se doblaron y volvieron a ponerse en movimiento.
Le Yukon s'efforçait de briser les chaînes de froid de la glace gelée.
El Yukón se esforzó por romper las frías cadenas del hielo congelado.
La glace fondait en dessous, tandis que le soleil la faisait fondre par le dessus.
El hielo se derritió desde abajo, mientras que el sol lo derritió desde arriba.
Des trous d'aération se sont ouverts, des fissures se sont propagées et des morceaux sont tombés dans la rivière.
Se abrieron agujeros de aire, se abrieron grietas y algunos trozos cayeron al río.
Au milieu de toute cette vie débordante et flamboyante, les voyageurs titubaient.
En medio de toda esta vida frenética y llameante, los viajeros se tambaleaban.
Deux hommes, une femme et une meute de huskies marchaient comme des morts.
Dos hombres, una mujer y una jauría de perros esquimales caminaban como muertos.
Les chiens tombaient, Mercedes pleurait, mais continuait à conduire le traîneau.
Los perros caían, Mercedes lloraba, pero seguía montando el trineo.
Hal jura faiblement et Charles cligna des yeux à travers ses yeux larmoyants.
Hal maldijo débilmente y Charles parpadeó con los ojos llorosos.

Ils tombèrent sur le camp de John Thornton à l'embouchure de la rivière White.
Se toparon con el campamento de John Thornton junto a la desembocadura del río Blanco.
Lorsqu'ils s'arrêtèrent, les chiens s'effondrèrent, comme s'ils étaient tous morts.
Cuando se detuvieron, los perros cayeron al suelo, como si todos hubieran muerto.
Mercedes essuya ses larmes et regarda John Thornton.
Mercedes se secó las lágrimas y miró a John Thornton.
Charles s'assit sur une bûche, lentement et raidement, souffrant du sentier.
Charles se sentó en un tronco, lenta y rígidamente, dolorido por el camino.
Hal parlait pendant que Thornton sculptait l'extrémité d'un manche de hache.
Hal habló mientras Thornton tallaba el extremo del mango de un hacha.
Il taillait du bois de bouleau et répondait par des réponses brèves et fermes.
Él tallaba madera de abedul y respondía con respuestas breves y firmes.
Lorsqu'on lui a demandé son avis, il a donné des conseils, certain qu'ils ne seraient pas suivis.
Cuando se le preguntó, dio consejos, seguro de que no serían seguidos.
Hal a expliqué : « Ils nous ont dit que la glace du sentier disparaissait. »
Hal explicó: "Nos dijeron que el hielo del sendero se estaba desprendiendo".
« Ils ont dit que nous devions rester sur place, mais nous sommes arrivés à White River. »
Dijeron que nos quedáramos allí, pero llegamos a White River.
Il a terminé sur un ton moqueur, comme pour crier victoire dans les difficultés.
Terminó con un tono burlón, como para proclamar la victoria en medio de las dificultades.

« Et ils t'ont dit la vérité », répondit doucement John Thornton à Hal.

—Y te dijeron la verdad —respondió John Thornton a Hal en voz baja.

« La glace peut céder à tout moment, elle est prête à tomber. »

"El hielo puede ceder en cualquier momento; está a punto de desprenderse".

« Seuls un peu de chance et des imbéciles ont pu arriver jusqu'ici en vie. »

"Solo la suerte ciega y los tontos pudieron haber llegado tan lejos con vida".

« Je vous le dis franchement, je ne risquerais pas ma vie pour tout l'or de l'Alaska. »

"Te lo digo directamente: no arriesgaría mi vida ni por todo el oro de Alaska".

« C'est parce que tu n'es pas un imbécile, je suppose », répondit Hal.

—Supongo que es porque no eres tonto —respondió Hal.

« Tout de même, nous irons à Dawson. » Il déroula son fouet.

—De todos modos, seguiremos hasta Dawson. —Desenrolló el látigo.

« Monte là-haut, Buck ! Salut ! Debout ! Vas-y ! » cria-t-il durement.

—¡Sube, Buck! ¡Hola! ¡Sube! ¡Vamos! —gritó con dureza.

Thornton continuait à tailler, sachant que les imbéciles n'entendraient pas la raison.

Thornton siguió tallando madera, sabiendo que los tontos no escucharían razones.

Arrêter un imbécile était futile, et deux ou trois imbéciles ne changeaient rien.

Detener a un tonto era inútil, y dos o tres tontos no cambiaban nada.

Mais l'équipe n'a pas bougé au son de l'ordre de Hal.

Pero el equipo no se movió ante la orden de Hal.

Désormais, seuls les coups pouvaient les faire se relever et avancer.
A estas alturas, sólo los golpes podían hacerlos levantarse y avanzar.
Le fouet claquait encore et encore sur les chiens affaiblis.
El látigo golpeó una y otra vez a los perros debilitados.
John Thornton serra fermement ses lèvres et regarda en silence.
John Thornton apretó los labios con fuerza y observó en silencio.
Solleks fut le premier à se relever sous le fouet.
Solleks fue el primero en ponerse de pie bajo el látigo.
Puis Teek le suivit, tremblant. Joe poussa un cri en se relevant.
Entonces Teek lo siguió, temblando. Joe gritó al tambalearse.
Pike a essayé de se relever, a échoué deux fois, puis est finalement resté debout, chancelant.
Pike intentó levantarse, falló dos veces y finalmente se mantuvo en pie, tambaleándose.
Mais Buck resta là où il était tombé, sans bouger du tout cette fois.
Pero Buck yacía donde había caído, sin moverse en absoluto este momento.
Le fouet le frappait à plusieurs reprises, mais il ne faisait aucun bruit.
El látigo lo golpeaba una y otra vez, pero él no emitía ningún sonido.
Il n'a pas bronché ni résisté, il est simplement resté immobile et silencieux.
Él no se inmutó ni se resistió, simplemente permaneció quieto y en silencio.
Thornton remua plus d'une fois, comme pour parler, mais ne le fit pas.
Thornton se movió más de una vez, como si fuera a hablar, pero no lo hizo.
Ses yeux s'humidifièrent, et le fouet continuait à claquer contre Buck.

Sus ojos se humedecieron y el látigo siguió golpeando contra Buck.

Finalement, Thornton commença à marcher lentement, ne sachant pas quoi faire.

Finalmente, Thornton comenzó a caminar lentamente, sin saber qué hacer.

C'était la première fois que Buck échouait, et Hal devint furieux.

Era la primera vez que Buck fallaba y Hal se puso furioso.

Il a jeté le fouet et a pris la lourde massue à la place.

Dejó el látigo y en su lugar tomó el pesado garrote.

Le gourdin en bois s'abattit violemment, mais Buck ne se releva toujours pas pour bouger.

El palo de madera cayó con fuerza, pero Buck todavía no se levantó para moverse.

Comme ses coéquipiers, il était trop faible, mais plus que cela.

Al igual que sus compañeros de equipo, era demasiado débil, pero más que eso.

Buck avait décidé de ne pas bouger, quoi qu'il arrive.

Buck había decidido no moverse, sin importar lo que sucediera después.

Il sentait quelque chose de sombre et de certain planer juste devant lui.

Sintió algo oscuro y seguro flotando justo delante.

Cette peur l'avait saisi dès qu'il avait atteint la rive du fleuve.

Ese miedo se apoderó de él tan pronto como llegó a la orilla del río.

Cette sensation ne l'avait pas quitté depuis qu'il sentait la glace s'amincir sous ses pattes.

La sensación no lo había abandonado desde que sintió el hielo fino bajo sus patas.

Quelque chose de terrible l'attendait – il le sentait juste au bout du sentier.

Algo terrible lo esperaba; lo sintió más allá del camino.

Il n'allait pas marcher vers cette terrible chose devant lui.

No iba a caminar hacia esa cosa terrible que había delante.
Il n'allait pas obéir à un quelconque ordre qui le conduirait à cette chose.
Él no iba a obedecer ninguna orden que lo llevara a esa cosa.
La douleur des coups ne l'atteignait plus guère, il était trop loin.
El dolor de los golpes apenas lo afectaba ahora: estaba demasiado lejos.
L'étincelle de vie vacillait faiblement, s'affaiblissant sous chaque coup cruel.
La chispa de la vida parpadeaba débilmente y se apagaba bajo cada golpe cruel.
Ses membres semblaient lointains ; tout son corps semblait appartenir à un autre.
Sus extremidades se sentían distantes; su cuerpo entero parecía pertenecer a otro.
Il ressentit un étrange engourdissement alors que la douleur disparaissait complètement.
Sintió un extraño entumecimiento mientras el dolor desapareció por completo.
De loin, il sentait qu'il était battu, mais il le savait à peine.
Desde lejos, sentía que lo golpeaban, pero apenas lo sabía.
Il pouvait entendre les coups sourds faiblement, mais ils ne faisaient plus vraiment mal.
Podía oír los golpes débilmente, pero ya no dolían realmente.
Les coups ont porté, mais son corps ne semblait plus être le sien.
Los golpes dieron en el blanco, pero su cuerpo ya no parecía el suyo.
Puis, soudain, sans prévenir, John Thornton poussa un cri sauvage.
Entonces, de repente y sin previo aviso, John Thornton lanzó un grito salvaje.
C'était inarticulé, plus le cri d'une bête que celui d'un homme.
Era un grito inarticulado, más el grito de una bestia que el de un hombre.

Il sauta sur l'homme avec la massue et renversa Hal en arrière.
Saltó hacia el hombre con el garrote y tiró a Hal hacia atrás.
Hal vola comme s'il avait été frappé par un arbre, atterrissant durement sur le sol.
Hal voló como si lo hubiera golpeado un árbol y aterrizó con fuerza en el suelo.
Mercedes a crié de panique et s'est agrippée au visage.
Mercedes gritó en pánico y se llevó las manos a la cara.
Charles se contenta de regarder, s'essuya les yeux et resta assis.
Charles se limitó a mirar, se secó los ojos y permaneció sentado.
Son corps était trop raide à cause de la douleur pour se lever ou aider au combat.
Su cuerpo estaba demasiado rígido por el dolor para levantarse o ayudar en la pelea.
Thornton se tenait au-dessus de Buck, tremblant de fureur, incapable de parler.
Thornton se quedó de pie junto a Buck, temblando de furia, incapaz de hablar.
Il tremblait de rage et luttait pour trouver sa voix à travers elle.
Se estremeció de rabia y luchó por encontrar su voz a través de ella.
« Si tu frappes encore ce chien, je te tue », dit-il finalement.
—Si vuelves a golpear a ese perro, te mataré —dijo finalmente.
Hal essuya le sang de sa bouche et s'avança à nouveau.
Hal se limpió la sangre de la boca y volvió a avanzar.
« C'est mon chien », murmura-t-il. « Dégage, ou je te répare. »
—Es mi perro —murmuró—. ¡Quítate del medio o te curaré!
« Je vais à Dawson, et vous ne m'en empêcherez pas », a-t-il ajouté.
"Voy a Dawson y no me lo vas a impedir", añadió.
Thornton se tenait fermement entre Buck et le jeune homme en colère.

Thornton se mantuvo firme entre Buck y el joven enojado.
Il n'avait aucune intention de s'écarter ou de laisser passer Hal.
No tenía intención de hacerse a un lado o dejar pasar a Hal.
Hal sortit son couteau de chasse, long et dangereux à la main.
Hal sacó su cuchillo de caza, largo y peligroso en la mano.
Mercedes a crié, puis pleuré, puis ri dans une hystérie sauvage.
Mercedes gritó, luego lloró y luego rió con una histeria salvaje.
Thornton frappa la main de Hal avec le manche de sa hache, fort et vite.
Thornton golpeó la mano de Hal con el mango de su hacha, fuerte y rápido.
Le couteau s'est détaché de la main de Hal et a volé au sol.
El cuchillo se soltó del agarre de Hal y voló al suelo.
Hal essaya de ramasser le couteau, et Thornton frappa à nouveau ses jointures.
Hal intentó recoger el cuchillo y Thornton volvió a golpearle los nudillos.
Thornton se baissa alors, attrapa le couteau et le tint.
Entonces Thornton se agachó, agarró el cuchillo y lo sostuvo.
D'un coup rapide de manche de hache, il coupa les rênes de Buck.
Con dos rápidos golpes del mango del hacha, cortó las riendas de Buck.
Hal n'avait plus aucune résistance et s'éloigna du chien.
Hal ya no tenía fuerzas para luchar y se apartó del perro.
De plus, Mercedes avait désormais besoin de ses deux bras pour se maintenir debout.
Además, Mercedes necesitaba ahora ambos brazos para mantenerse erguida.
Buck était trop proche de la mort pour pouvoir à nouveau tirer un traîneau.
Buck estaba demasiado cerca de la muerte como para volver a ser útil para tirar de un trineo.

Quelques minutes plus tard, ils se sont retirés et ont descendu la rivière.
Unos minutos después, se marcharon y se dirigieron río abajo.
Buck leva faiblement la tête et les regarda quitter la banque.
Buck levantó la cabeza débilmente y los observó mientras salían del banco.
Pike a mené l'équipe, avec Solleks à l'arrière dans la roue.
Pike lideró el equipo, con Solleks en la parte trasera, al volante.
Joe et Teek marchaient entre eux, tous deux boitant d'épuisement.
Joe y Teek caminaron entre ellos, ambos cojeando por el cansancio.
Mercedes s'assit sur le traîneau et Hal saisit le long mât.
Mercedes se sentó en el trineo y Hal agarró el largo palo.
Charles trébuchait derrière, ses pas maladroits et incertains.
Charles se tambaleó detrás, sus pasos torpes e inseguros.
Thornton s'agenouilla près de Buck et chercha doucement des os cassés.
Thornton se arrodilló junto a Buck y buscó con delicadeza los huesos rotos.
Ses mains étaient rudes mais bougeaient avec gentillesse et attention.
Sus manos eran ásperas pero se movían con amabilidad y cuidado.
Le corps de Buck était meurtri mais ne présentait aucune blessure durable.
El cuerpo de Buck estaba magullado pero no mostraba lesiones duraderas.
Ce qui restait, c'était une faim terrible et une faiblesse quasi totale.
Lo que quedó fue un hambre terrible y una debilidad casi total.
Au moment où cela fut clair, le traîneau était déjà loin en aval.
Cuando esto quedó claro, el trineo ya había avanzado mucho río abajo.

L'homme et le chien regardaient le traîneau ramper lentement sur la glace fissurée.
El hombre y el perro observaron cómo el trineo se deslizaba lentamente sobre el hielo agrietado.
Puis, ils virent le traîneau s'enfoncer dans un creux.
Luego vieron que el trineo se hundía en un hueco.
Le mât s'est envolé, Hal s'y accrochant toujours en vain.
El mástil voló hacia arriba, con Hal todavía aferrándose a él en vano.
Le cri de Mercedes les atteignit à travers la distance froide.
El grito de Mercedes les llegó a través de la fría distancia.
Charles se retourna et recula, mais il était trop tard.
Charles se giró y dio un paso atrás, pero ya era demasiado tarde.
Une calotte glaciaire entière a cédé et ils sont tous tombés à travers.
Una capa de hielo entera cedió y todos ellos cayeron al suelo.
Les chiens, le traîneau et les gens ont disparu dans l'eau noire en contrebas.
Los perros, los trineos y las personas desaparecieron en el agua negra que había debajo.
Il ne restait qu'un large trou dans la glace là où ils étaient passés.
En el hielo por donde habían pasado sólo quedaba un amplio agujero.
Le fond du sentier s'était affaissé, comme Thornton l'avait prévu.
El sendero se había hundido por completo, tal como Thornton había advertido.
Thornton et Buck se regardèrent, silencieux pendant un moment.
Thornton y Buck se miraron el uno al otro y guardaron silencio por un momento.
« Pauvre diable », dit doucement Thornton, et Buck lui lécha la main.
—Pobre diablo —dijo Thornton suavemente, y Buck le lamió la mano.

Pour l'amour d'un homme
Por el amor de un hombre

John Thornton s'est gelé les pieds dans le froid du mois de décembre précédent.
John Thornton se congeló los pies en el frío del diciembre anterior.
Ses partenaires l'ont mis à l'aise et l'ont laissé se rétablir seul.
Sus compañeros lo hicieron sentir cómodo y lo dejaron recuperarse solo.
Ils remontèrent la rivière pour rassembler un radeau de billes de bois pour Dawson.
Subieron al río para recoger una balsa de troncos para aserrar para Dawson.
Il boitait encore légèrement lorsqu'il a sauvé Buck de la mort.
Todavía cojeaba ligeramente cuando rescató a Buck de la muerte.
Mais avec le temps chaud qui continue, même cette boiterie a disparu.
Pero como el clima cálido continuó, incluso esa cojera desapareció.
Allongé au bord de la rivière pendant les longues journées de printemps, Buck se reposait.
Durante los largos días de primavera, Buck descansaba a orillas del río.
Il regardait l'eau couler et écoutait les oiseaux et les insectes.
Observó el agua fluir y escuchó a los pájaros y a los insectos.
Lentement, Buck reprit ses forces sous le soleil et le ciel.
Lentamente, Buck recuperó su fuerza bajo el sol y el cielo.
Un repos merveilleux après avoir parcouru trois mille kilomètres.
Un descanso fue maravilloso después de viajar tres mil millas.
Buck est devenu paresseux à mesure que ses blessures guérissaient et que son corps se remplissait.

Buck se volvió perezoso a medida que sus heridas sanaban y su cuerpo se llenaba.

Ses muscles se raffermirent et la chair revint recouvrir ses os.

Sus músculos se reafirmaron y la carne volvió a cubrir sus huesos.

Ils se reposaient tous : Buck, Thornton, Skeet et Nig.

Todos estaban descansando: Buck, Thornton, Skeet y Nig.

Ils attendaient le radeau qui allait les transporter jusqu'à Dawson.

Esperaron la balsa que los llevaría a Dawson.

Skeet était un petit setter irlandais qui s'est lié d'amitié avec Buck.

Skeet era un pequeño setter irlandés que se hizo amigo de Buck.

Buck était trop faible et malade pour lui résister lors de leur première rencontre.

Buck estaba demasiado débil y enfermo para resistirse a ella en su primer encuentro.

Skeet avait le trait de guérisseur que certains chiens possèdent naturellement.

Skeet tenía el rasgo de sanador que algunos perros poseen naturalmente.

Comme une mère chatte, elle lécha et nettoya les blessures à vif de Buck.

Como una gata madre, lamió y limpió las heridas abiertas de Buck.

Chaque matin, après le petit-déjeuner, elle répétait son travail minutieux.

Todas las mañanas, después del desayuno, repetía su minucioso trabajo.

Buck s'attendait à son aide autant qu'à celle de Thornton.

Buck llegó a esperar su ayuda tanto como la de Thornton.

Nig était également amical, mais moins ouvert et moins affectueux.

Nig también era amigable, pero menos abierto y menos cariñoso.

Nig était un gros chien noir, à la fois chien de Saint-Hubert et chien de chasse.
Nig era un perro grande y negro, mitad sabueso y mitad lebrel.
Il avait des yeux rieurs et une infinie bonne nature dans son esprit.
Tenía ojos sonrientes y un espíritu bondadoso sin límites.
À la surprise de Buck, aucun des deux chiens n'a montré de jalousie envers lui.
Para sorpresa de Buck, ninguno de los perros mostró celos hacia él.
Skeet et Nig ont tous deux partagé la gentillesse de John Thornton.
Tanto Skeet como Nig compartieron la amabilidad de John Thornton.
À mesure que Buck devenait plus fort, ils l'ont attiré dans des jeux de chiens stupides.
A medida que Buck se hacía más fuerte, lo atrajeron hacia juegos de perros tontos.
Thornton jouait souvent avec eux aussi, incapable de résister à leur joie.
Thornton también jugaba a menudo con ellos, incapaz de resistirse a su alegría.
De cette manière ludique, Buck est passé de la maladie à une nouvelle vie.
De esta manera lúdica, Buck pasó de la enfermedad a una nueva vida.
L'amour – un amour véritable, brûlant et passionné – était enfin à lui.
El amor, el amor verdadero, ardiente y apasionado, finalmente era suyo.
Il n'avait jamais connu ce genre d'amour dans le domaine de Miller.
Nunca había conocido ese tipo de amor en la finca de Miller.
Avec les fils du juge, il avait partagé le travail et l'aventure.
Con los hijos del Juez había compartido trabajo y aventuras.
Chez les petits-fils, il vit une fierté raide et vantarde.

En los nietos vio un orgullo rígido y jactancioso.
Il entretenait avec le juge Miller lui-même une amitié respectueuse.
Con el propio juez Miller mantuvo una amistad respetuosa.
Mais l'amour qui était feu, folie et adoration est venu avec Thornton.
Pero el amor que era fuego, locura y adoración llegó con Thornton.
Cet homme avait sauvé la vie de Buck, et cela seul signifiait beaucoup.
Este hombre había salvado la vida de Buck, y eso solo significaba mucho.
Mais plus que cela, John Thornton était le type de maître idéal.
Pero más que eso, John Thornton era el tipo de maestro ideal.
D'autres hommes s'occupaient de chiens par devoir ou par nécessité professionnelle.
Otros hombres cuidaban perros por obligación o necesidad laboral.
John Thornton prenait soin de ses chiens comme s'ils étaient ses enfants.
John Thornton cuidaba a sus perros como si fueran sus hijos.
Il prenait soin d'eux parce qu'il les aimait et qu'il ne pouvait tout simplement pas s'en empêcher.
Él se preocupaba por ellos porque los amaba y simplemente no podía evitarlo.
John Thornton a vu encore plus loin que la plupart des hommes n'ont jamais réussi à voir.
John Thornton vio incluso más lejos de lo que la mayoría de los hombres lograron ver.
Il n'oubliait jamais de les saluer gentiment ou de leur adresser un mot d'encouragement.
Nunca se olvidó de saludarlos amablemente o decirles alguna palabra de aliento.
Il adorait s'asseoir avec les chiens pour de longues conversations, ou « gazeuses », comme il disait.

Le encantaba sentarse con los perros para tener largas charlas, o "gases", como él decía.
Il aimait saisir brutalement la tête de Buck entre ses mains fortes.
Le gustaba agarrar bruscamente la cabeza de Buck entre sus fuertes manos.
Puis il posa sa tête contre celle de Buck et le secoua doucement.
Luego apoyó su cabeza contra la de Buck y lo sacudió suavemente.
Pendant tout ce temps, il traitait Buck de noms grossiers qui signifiaient de l'amour pour Buck.
Mientras tanto, él llamaba a Buck con nombres groseros que significaban amor para Buck.
Pour Buck, cette étreinte brutale et ces mots ont apporté une joie profonde.
Para Buck, ese fuerte abrazo y esas palabras le trajeron una profunda alegría.
Son cœur semblait se déchaîner de bonheur à chaque mouvement.
Su corazón parecía latir con fuerza de felicidad con cada movimiento.
Lorsqu'il se releva ensuite, sa bouche semblait rire.
Cuando se levantó de un salto, su boca parecía como si se estuviera riendo.
Ses yeux brillaient et sa gorge tremblait d'une joie inexprimée.
Sus ojos brillaban intensamente y su garganta temblaba con una alegría tácita.
Son sourire resta figé dans cet état d'émotion et d'affection rayonnante.
Su sonrisa se detuvo en ese estado de emoción y afecto resplandeciente.
Thornton s'exclama alors pensivement : « Mon Dieu ! Il peut presque parler ! »
Entonces Thornton exclamó pensativo: "¡Dios! ¡Casi puede hablar!"

Buck avait une étrange façon d'exprimer son amour qui causait presque de la douleur.
Buck tenía una extraña forma de expresar amor que casi causaba dolor.

Il serrait souvent très fort la main de Thornton entre ses dents.
A menudo apretaba muy fuerte la mano de Thornton entre los dientes.

La morsure allait laisser des marques profondes qui resteraient un certain temps après.
La mordedura iba a dejar marcas profundas que permanecerían durante algún tiempo.

Buck croyait que ces serments étaient de l'amour, et Thornton savait la même chose.
Buck creía que esos juramentos eran de amor y Thornton lo sabía también.

Le plus souvent, l'amour de Buck se manifestait par une adoration silencieuse, presque silencieuse.
La mayoría de las veces, el amor de Buck se demostraba en una adoración silenciosa, casi silenciosa.

Bien qu'il soit ravi lorsqu'on le touche ou qu'on lui parle, il ne cherche pas à attirer l'attention.
Aunque se emocionaba cuando lo tocaban o le hablaban, no buscaba atención.

Skeet a poussé son nez sous la main de Thornton jusqu'à ce qu'il la caresse.
Skeet empujó su nariz bajo la mano de Thornton hasta que él la acarició.

Nig s'approcha tranquillement et posa sa grosse tête sur le genou de Thornton.
Nig se acercó en silencio y apoyó su gran cabeza en la rodilla de Thornton.

Buck, au contraire, se contentait d'aimer à distance respectueuse.
Buck, por el contrario, se conformaba con amar desde una distancia respetuosa.

Il resta allongé pendant des heures aux pieds de Thornton, alerte et observant attentivement.
Durante horas permaneció tendido a los pies de Thornton, alerta y observando atentamente.

Buck étudiait chaque détail du visage de son maître et le moindre mouvement.
Buck estudió cada detalle del rostro de su amo y su más mínimo movimiento.

Ou bien il était allongé plus loin, étudiant la silhouette de l'homme en silence.
O yacía más lejos, estudiando la figura del hombre en silencio.

Buck observait chaque petit mouvement, chaque changement de posture ou de geste.
Buck observó cada pequeño movimiento, cada cambio de postura o gesto.

Ce lien était si puissant qu'il attirait souvent le regard de Thornton.
Tan poderosa era esta conexión que a menudo atraía la mirada de Thornton.

Il rencontra les yeux de Buck sans un mot, l'amour brillant clairement à travers.
Sostuvo la mirada de Buck sin palabras, pero el amor brillaba claramente a través de ella.

Pendant longtemps après avoir été sauvé, Buck n'a jamais laissé Thornton hors de vue.
Durante mucho tiempo después de ser salvado, Buck nunca perdió de vista a Thornton.

Chaque fois que Thornton quittait la tente, Buck le suivait de près à l'extérieur.
Cada vez que Thornton salía de la tienda, Buck lo seguía de cerca afuera.

Tous les maîtres sévères du Northland avaient fait que Buck avait peur de faire confiance.
Todos los amos severos de las Tierras del Norte habían hecho que Buck tuviera miedo de confiar.

Il craignait qu'aucun homme ne puisse rester son maître plus d'un court instant.

Temía que ningún hombre pudiera seguir siendo su amo durante más de un corto tiempo.
Il craignait que John Thornton ne disparaisse comme Perrault et François.
Temía que John Thornton desapareciera como Perrault y François.
Même la nuit, la peur de le perdre hantait le sommeil agité de Buck.
Incluso por la noche, el miedo a perderlo acechaba el sueño inquieto de Buck.
Quand Buck se réveilla, il se glissa dehors dans le froid et se dirigea vers la tente.
Cuando Buck se despertó, salió a escondidas al frío y fue a la tienda de campaña.
Il écoutait attentivement le doux bruit de la respiration à l'intérieur.
Escuchó atentamente el suave sonido de la respiración en su interior.
Malgré l'amour profond de Buck pour John Thornton, la nature sauvage est restée vivante.
A pesar del profundo amor de Buck por John Thornton, lo salvaje siguió vivo.
Cet instinct primitif, éveillé dans le Nord, n'a pas disparu.
Ese instinto primitivo, despertado en el Norte, no desapareció.
L'amour a apporté la dévotion, la loyauté et le lien chaleureux du coin du feu.
El amor trajo devoción, lealtad y el cálido vínculo del fuego.
Mais Buck a également conservé son instinct sauvage, vif et toujours en alerte.
Pero Buck también mantuvo sus instintos salvajes, agudos y siempre alerta.
Il n'était pas seulement un animal de compagnie apprivoisé venu des terres douces de la civilisation.
No era sólo una mascota domesticada de las suaves tierras de la civilización.
Buck était un être sauvage qui était venu s'asseoir près du feu de Thornton.

Buck era un ser salvaje que había venido a sentarse junto al fuego de Thornton.

Il ressemblait à un chien du Southland, mais la sauvagerie vivait en lui.

Parecía un perro del Sur, pero en su interior vivía lo salvaje.

Son amour pour Thornton était trop grand pour permettre de voler cet homme.

Su amor por Thornton era demasiado grande como para permitirle robarle algo.

Mais dans n'importe quel autre camp, il volerait avec audace et sans relâche.

Pero en cualquier otro campamento, robaría con valentía y sin pausa.

Il était si habile à voler que personne ne pouvait l'attraper ou l'accuser.

Era tan astuto al robar que nadie podía atraparlo ni acusarlo.

Son visage et son corps étaient couverts de cicatrices dues à de nombreux combats passés.

Su rostro y su cuerpo estaban cubiertos de cicatrices de muchas peleas pasadas.

Buck se battait toujours avec acharnement, mais maintenant il se battait avec plus de ruse.

Buck seguía luchando con fiereza, pero ahora luchaba con más astucia.

Skeet et Nig étaient trop doux pour se battre, et ils appartenaient à Thornton.

Skeet y Nig eran demasiado amables para pelear, y eran de Thornton.

Mais tout chien étranger, aussi fort ou courageux soit-il, cédait.

Pero cualquier perro extraño, por fuerte o valiente que fuese, cedía.

Sinon, le chien se retrouvait à lutter contre Buck, à se battre pour sa vie.

De lo contrario, el perro se encontraría luchando contra Buck; luchando por su vida.

Buck n'a eu aucune pitié une fois qu'il a choisi de se battre contre un autre chien.
Buck no tuvo piedad una vez que decidió pelear contra otro perro.

Il avait bien appris la loi du gourdin et des crocs dans le Nord.
Había aprendido bien la ley del garrote y el colmillo en las Tierras del Norte.

Il n'a jamais abandonné un avantage et n'a jamais reculé devant la bataille.
Él nunca renunció a una ventaja y nunca se retractó de la batalla.

Il avait étudié les Spitz et les chiens les plus féroces de la poste et de la police.
Había estudiado a los Spitz y a los perros más feroces del correo y de la policía.

Il savait clairement qu'il n'y avait pas de juste milieu dans un combat sauvage.
Sabía claramente que no había término medio en un combate salvaje.

Il doit gouverner ou être gouverné ; faire preuve de miséricorde signifie faire preuve de faiblesse.
Él debía gobernar o ser gobernado; mostrar misericordia significaba mostrar debilidad.

La miséricorde était inconnue dans le monde brut et brutal de la survie.
Mercy era una desconocida en el crudo y brutal mundo de la supervivencia.

Faire preuve de miséricorde était perçu comme de la peur, et la peur menait rapidement à la mort.
Mostrar misericordia era visto como miedo, y el miedo conducía rápidamente a la muerte.

L'ancienne loi était simple : tuer ou être tué, manger ou être mangé.
La antigua ley era simple: matar o ser asesinado, comer o ser comido.

Cette loi venait des profondeurs du temps, et Buck la suivait pleinement.
Esa ley vino desde las profundidades del tiempo, y Buck la siguió plenamente.

Buck était plus vieux que son âge et que le nombre de respirations qu'il prenait.
Buck era mayor que su edad y el número de respiraciones que tomaba.

Il a clairement relié le passé ancien au moment présent.
Conectó claramente el pasado antiguo con el momento presente.

Les rythmes profonds des âges le traversaient comme les marées.
Los ritmos profundos de las épocas lo atravesaban como mareas.

Le temps pulsait dans son sang aussi sûrement que les saisons faisaient bouger la terre.
El tiempo latía en su sangre con la misma seguridad con la que las estaciones movían la tierra.

Il était assis près du feu de Thornton, la poitrine forte et les crocs blancs.
Se sentó junto al fuego de Thornton, con el pecho fuerte y los colmillos blancos.

Sa longue fourrure ondulait, mais derrière lui, les esprits des chiens sauvages observaient.
Su largo pelaje ondeaba, pero detrás de él los espíritus de los perros salvajes observaban.

Des demi-loups et des loups à part entière s'agitaient dans son cœur et dans ses sens.
Lobos medio y lobos completos se agitaron dentro de su corazón y sus sentidos.

Ils goûtèrent sa viande et burent la même eau que lui.
Probaron su carne y bebieron la misma agua que él.

Ils reniflaient le vent à ses côtés et écoutaient la forêt.
Olfatearon el viento junto a él y escucharon el bosque.

Ils murmuraient la signification des sons sauvages dans l'obscurité.

Susurraron los significados de los sonidos salvajes en la oscuridad.

Ils façonnaient ses humeurs et guidaient chacune de ses réactions silencieuses.

Ellos moldearon sus estados de ánimo y guiaron cada una de sus reacciones tranquilas.

Ils se sont couchés avec lui pendant son sommeil et sont devenus une partie de ses rêves profonds.

Se quedaron con él mientras dormía y se convirtieron en parte de sus sueños más profundos.

Ils rêvaient avec lui, au-delà de lui, et constituaient son esprit même.

Soñaron con él, más allá de él, y constituyeron su propio espíritu.

Les esprits de la nature appelèrent si fort que Buck se sentit attiré.

Los espíritus de la naturaleza llamaron con tanta fuerza que Buck se sintió atraído.

Chaque jour, l'humanité et ses revendications s'affaiblissaient dans le cœur de Buck.

Cada día, la humanidad y sus reivindicaciones se debilitaban más en el corazón de Buck.

Au plus profond de la forêt, un appel étrange et palpitant allait s'élever.

En lo profundo del bosque, un llamado extraño y emocionante estaba por surgir.

Chaque fois qu'il entendait l'appel, Buck ressentait une envie à laquelle il ne pouvait résister.

Cada vez que escuchaba el llamado, Buck sentía un impulso que no podía resistir.

Il allait se détourner du feu et des sentiers battus des humains.

Él iba a alejarse del fuego y de los caminos humanos trillados.

Il allait s'enfoncer dans la forêt, avançant sans savoir pourquoi.

Iba a adentrarse en el bosque, avanzando sin saber por qué.

Il ne remettait pas en question cette attraction, car l'appel était profond et puissant.
Él no cuestionó esta atracción porque el llamado era profundo y poderoso.

Souvent, il atteignait l'ombre verte et la terre douce et intacte
A menudo, alcanzaba la sombra verde y la tierra suave e intacta.

Mais ensuite, son amour profond pour John Thornton l'a ramené vers le feu.
Pero entonces el fuerte amor por John Thornton lo atrajo de nuevo al fuego.

Seul John Thornton tenait véritablement le cœur sauvage de Buck entre ses mains.
Sólo John Thornton realmente pudo sostener en sus manos el corazón salvaje de Buck.

Le reste de l'humanité n'avait aucune valeur ni signification durable pour Buck.
El resto de la humanidad no tenía ningún valor o significado duradero para Buck.

Les étrangers pourraient le féliciter ou caresser sa fourrure avec des mains amicales.
Los extraños podrían elogiarlo o acariciar su pelaje con manos amistosas.

Buck resta impassible et s'éloigna à cause de trop d'affection.
Buck permaneció impasible y se alejó por demasiado afecto.

Hans et Pete sont arrivés avec le radeau qu'ils attendaient depuis longtemps
Hans y Pete llegaron con la balsa que habían esperado durante tanto tiempo.

Buck les a ignorés jusqu'à ce qu'il apprenne qu'ils étaient proches de Thornton.
Buck los ignoró hasta que supo que estaban cerca de Thornton.

Après cela, il les a tolérés, mais ne leur a jamais montré toute sa chaleur.
Después de eso, los toleró, pero nunca les mostró total calidez.

Il prenait de la nourriture ou des marques de gentillesse de leur part comme s'il leur rendait service.
Él aceptaba comida o gentileza de ellos como si les estuviera haciendo un favor.

Ils étaient comme Thornton : simples, honnêtes et clairs dans leurs pensées.
Eran como Thornton: sencillos, honestos y claros en sus pensamientos.

Tous ensemble, ils se rendirent à la scierie de Dawson et au grand tourbillon
Todos juntos viajaron al aserradero de Dawson y al gran remolino.

Au cours de leur voyage, ils ont appris à comprendre profondément la nature de Buck.
En su viaje aprendieron a comprender profundamente la naturaleza de Buck.

Ils n'ont pas essayé de se rapprocher comme Skeet et Nig l'avaient fait.
No intentaron acercarse como lo habían hecho Skeet y Nig.

Mais l'amour de Buck pour John Thornton n'a fait que s'approfondir avec le temps.
Pero el amor de Buck por John Thornton solo se profundizó con el tiempo.

Seul Thornton pouvait placer un sac sur le dos de Buck en été.
Sólo Thornton podía colocar una mochila en la espalda de Buck en el verano.

Quoi que Thornton ordonne, Buck était prêt à l'exécuter pleinement.
Cualquiera que fuera lo que Thornton ordenaba, Buck estaba dispuesto a hacerlo a cabalidad.

Un jour, après avoir quitté Dawson pour les sources du Tanana,
Un día, después de que dejaron Dawson hacia las cabeceras del río Tanana,

le groupe était assis sur une falaise qui descendait d'un mètre jusqu'au substrat rocheux nu.

El grupo se sentó en un acantilado que caía un metro hasta el lecho rocoso desnudo.

John Thornton était assis près du bord et Buck se reposait à côté de lui.

John Thornton se sentó cerca del borde y Buck descansó a su lado.

Thornton eut une pensée soudaine et attira l'attention des hommes.

Thornton tuvo una idea repentina y llamó la atención de los hombres.

Il désigna le gouffre et donna un seul ordre à Buck.

Señaló hacia el otro lado del abismo y le dio a Buck una única orden.

« Saute, Buck ! » dit-il en balançant son bras au-dessus de la chute.

—¡Salta, Buck! —dijo, extendiendo el brazo por encima del precipicio.

En un instant, il dut attraper Buck, qui sautait pour obéir.

En un momento, tuvo que agarrar a Buck, quien estaba saltando para obedecer.

Hans et Pete se sont précipités en avant et ont ramené les deux hommes en sécurité.

Hans y Pete corrieron hacia adelante y los pusieron a ambos a salvo.

Une fois que tout fut terminé et qu'ils eurent repris leur souffle, Pete prit la parole.

Cuando todo terminó y recuperaron el aliento, Pete habló.

« L'amour est étrange », dit-il, secoué par la dévotion féroce du chien.

"El amor es extraño", dijo, conmocionado por la feroz devoción del perro.

Thornton secoua la tête et répondit avec un sérieux calme.

Thornton meneó la cabeza y respondió con seriedad y calma.

« Non, l'amour est splendide », dit-il, « mais aussi terrible. »

"No, el amor es espléndido", dijo, "pero también terrible".

« Parfois, je dois l'admettre, ce genre d'amour me fait peur. »

"A veces, debo admitirlo, este tipo de amor me da miedo".

Pete hocha la tête et dit : « Je détesterais être l'homme qui te touche. »
Pete asintió y dijo: "Odiaría ser el hombre que te toque".
Il regarda Buck pendant qu'il parlait, sérieux et plein de respect.
Miró a Buck mientras hablaba, serio y lleno de respeto.
« Py Jingo ! » s'empressa de dire Hans. « Moi non plus, non monsieur. »
—¡Py Jingo! —dijo Hans rápidamente—. Yo tampoco, señor.

Avant la fin de l'année, les craintes de Pete se sont réalisées à Circle City.
Antes de que terminara el año, los temores de Pete se hicieron realidad en Circle City.
Un homme cruel nommé Black Burton a provoqué une bagarre dans le bar.
Un hombre cruel llamado Black Burton provocó una pelea en el bar.
Il était en colère et malveillant, s'en prenant à un nouveau tendre.
Estaba enojado y malicioso, arremetiendo contra un nuevo novato.
John Thornton est intervenu, calme et de bonne humeur comme toujours.
John Thornton entró en escena, tranquilo y afable como siempre.
Buck était allongé dans un coin, la tête baissée, observant Thornton de près.
Buck yacía en un rincón, con la cabeza gacha, observando a Thornton de cerca.
Burton frappa soudainement, son coup envoyant Thornton tourner.
Burton atacó de repente, y su puñetazo hizo que Thornton girara.
Seule la barre du bar l'a empêché de s'écraser violemment au sol.

Sólo la barandilla de la barra evitó que se estrellara con fuerza contra el suelo.
Les observateurs ont entendu un son qui n'était ni un aboiement ni un cri.
Los observadores oyeron un sonido que no era un ladrido ni un aullido.
un rugissement profond sortit de Buck alors qu'il se lançait vers l'homme.
Un rugido profundo salió de Buck mientras se lanzaba hacia el hombre.
Burton a levé le bras et a sauvé sa vie de justesse.
Burton levantó el brazo y apenas salvó su vida.
Buck l'a percuté, le faisant tomber à plat sur le sol.
Buck se estrelló contra él y lo tiró al suelo.
Buck mordit profondément le bras de l'homme, puis se jeta à la gorge.
Buck mordió profundamente el brazo del hombre y luego se abalanzó sobre su garganta.
Burton n'a pu bloquer que partiellement et son cou a été déchiré.
Burton sólo pudo bloquearlo parcialmente y su cuello quedó destrozado.
Des hommes se sont précipités, les bâtons levés, et ont chassé Buck de l'homme ensanglanté.
Los hombres se apresuraron a entrar, con los garrotes en alto, y apartaron a Buck del hombre sangrante.
Un chirurgien est intervenu rapidement pour arrêter l'écoulement du sang.
Un cirujano trabajó rápidamente para detener la fuga de sangre.
Buck marchait de long en large et grognait, essayant d'attaquer encore et encore.
Buck caminaba de un lado a otro y gruñía, intentando atacar una y otra vez.
Seuls les coups de massue l'ont empêché d'atteindre Burton.
Sólo los golpes con los palos le impidieron llegar hasta Burton.
Une réunion de mineurs a été convoquée et tenue sur place.

Allí mismo se convocó y celebró una asamblea de mineros.
Ils ont convenu que Buck avait été provoqué et ont voté pour le libérer.
Estuvieron de acuerdo en que Buck había sido provocado y votaron por liberarlo.
Mais le nom féroce de Buck résonnait désormais dans tous les camps d'Alaska.
Pero el feroz nombre de Buck ahora resonaba en todos los campamentos de Alaska.
Plus tard cet automne-là, Buck sauva à nouveau Thornton d'une nouvelle manière.
Más tarde ese otoño, Buck salvó a Thornton nuevamente de una nueva manera.
Les trois hommes guidaient un long bateau sur des rapides impétueux.
Los tres hombres guiaban un bote largo por rápidos agitados.
Thornton dirigeait le bateau et donnait des indications pour se rendre sur le rivage.
Thornton tripulaba el bote, gritando instrucciones para llegar a la costa.
Hans et Pete couraient sur terre, tenant une corde d'arbre en arbre.
Hans y Pete corrieron por la tierra, sosteniendo una cuerda de árbol a árbol.
Buck suivait le rythme sur la rive, surveillant toujours son maître.
Buck seguía el ritmo en la orilla, siempre observando a su amo.
À un endroit désagréable, des rochers surplombaient les eaux vives.
En un lugar desagradable, las rocas sobresalían bajo el agua rápida.
Hans lâcha la corde et Thornton dirigea le bateau vers le large.
Hans soltó la cuerda y Thornton dirigió el bote hacia otro lado.
Hans sprinta pour rattraper le bateau en passant devant les rochers dangereux.

Hans corrió para alcanzar el barco nuevamente más allá de las rocas peligrosas.

Le bateau a franchi le rebord mais a heurté une partie plus forte du courant.

El barco superó la cornisa pero se topó con una parte más fuerte de la corriente.

Hans a attrapé la corde trop vite et a déséquilibré le bateau.

Hans agarró la cuerda demasiado rápido y desequilibró el barco.

Le bateau s'est retourné et a heurté la berge, cul en l'air.

El barco se volcó y se estrelló contra la orilla, boca abajo.

Thornton a été jeté dehors et emporté dans la partie la plus sauvage de l'eau.

Thornton fue arrojado y arrastrado hacia la parte más salvaje del agua.

Aucun nageur n'aurait pu survivre dans ces eaux mortelles et tumultueuses.

Ningún nadador habría podido sobrevivir en esas aguas turbulentas y mortales.

Buck sauta instantanément et poursuivit son maître sur la rivière.

Buck saltó instantáneamente y persiguió a su amo río abajo.

Après trois cents mètres, il atteignit enfin Thornton.

Después de trescientos metros, llegó por fin a Thornton.

Thornton attrapa la queue de Buck, et Buck se tourna vers le rivage.

Thornton agarró la cola de Buck y Buck se giró hacia la orilla.

Il nageait de toutes ses forces, luttant contre la force de l'eau.

Nadó con todas sus fuerzas, luchando contra el arrastre salvaje del agua.

Ils se déplaçaient en aval plus vite qu'ils ne pouvaient atteindre le rivage.

Se movieron río abajo más rápido de lo que podían llegar a la orilla.

Plus loin, la rivière rugissait plus fort alors qu'elle tombait dans des rapides mortels.

Más adelante, el río rugía cada vez más fuerte mientras caía en rápidos mortales.

Les rochers fendaient l'eau comme les dents d'un énorme peigne.

Las rocas cortaban el agua como los dientes de un peine enorme.

L'attraction de l'eau près de la chute était sauvage et inévitable.

La atracción del agua cerca de la caída era salvaje e ineludible.

Thornton savait qu'ils ne pourraient jamais atteindre le rivage à temps.

Thornton sabía que nunca podrían llegar a la costa a tiempo.

Il a gratté un rocher, s'est écrasé sur un deuxième,

Raspó una roca, se estrelló contra otra,

Et puis il s'est écrasé contre un troisième rocher, l'attrapant à deux mains.

Y entonces se estrelló contra una tercera roca, agarrándola con ambas manos.

Il lâcha Buck et cria par-dessus le rugissement : « Vas-y, Buck ! Vas-y ! »

Soltó a Buck y gritó por encima del rugido: "¡Vamos, Buck! ¡Vamos!".

Buck n'a pas pu rester à flot et a été emporté par le courant.

Buck no pudo mantenerse a flote y fue arrastrado por la corriente.

Il s'est battu avec acharnement, s'efforçant de se retourner, mais n'a fait aucun progrès.

Luchó con todas sus fuerzas, intentando girar, pero no consiguió ningún progreso.

Puis il entendit Thornton répéter l'ordre par-dessus le rugissement de la rivière.

Entonces escuchó a Thornton repetir la orden por encima del rugido del río.

Buck sortit de l'eau et leva la tête comme pour un dernier regard.

Buck salió del agua y levantó la cabeza como para echar una última mirada.

puis il se retourna et obéit, nageant vers la rive avec résolution.

Luego se giró y obedeció, nadando hacia la orilla con resolución.

Pete et Hans l'ont tiré à terre au dernier moment possible.

Pete y Hans lo sacaron a tierra en el último momento posible.

Ils savaient que Thornton ne pourrait s'accrocher au rocher que quelques minutes de plus.

Sabían que Thornton podría aferrarse a la roca sólo por unos minutos más.

Ils coururent sur la berge jusqu'à un endroit bien au-dessus de l'endroit où il était suspendu.

Corrieron por la orilla hasta un lugar mucho más arriba de donde estaba colgado.

Ils ont soigneusement attaché la ligne du bateau au cou et aux épaules de Buck.

Ataron la cuerda del bote al cuello y los hombros de Buck con cuidado.

La corde était serrée mais suffisamment lâche pour permettre la respiration et le mouvement.

La cuerda estaba ajustada pero lo suficientemente suelta para permitir la respiración y el movimiento.

Puis ils le jetèrent à nouveau dans la rivière tumultueuse et mortelle.

Luego lo lanzaron nuevamente al caudaloso y mortal río.

Buck nageait avec audace mais manquait son angle face à la force du courant.

Buck nadó con valentía, pero perdió su ángulo debido a la fuerza de la corriente.

Il a vu trop tard qu'il allait dépasser Thornton.

Se dio cuenta demasiado tarde de que iba a dejar atrás a Thornton.

Hans tira fort sur la corde, comme si Buck était un bateau en train de chavirer.

Hans tiró de la cuerda con fuerza, como si Buck fuera un barco que se hundía.

Le courant l'a entraîné vers le fond et il a disparu sous la surface.
La corriente lo arrastró hacia abajo y desapareció bajo la superficie.

Son corps a heurté la berge avant que Hans et Pete ne le sortent.
Su cuerpo chocó contra el banco antes de que Hans y Pete pudieran sacarlo.

Il était à moitié noyé et ils l'ont chassé de l'eau.
Estaba medio ahogado y le sacaron el agua a golpes.

Buck se leva, tituba et s'effondra à nouveau sur le sol.
Buck se puso de pie, se tambaleó y volvió a desplomarse en el suelo.

Puis ils entendirent la voix de Thornton faiblement portée par le vent.
Entonces oyeron la voz de Thornton llevada débilmente por el viento.

Même si les mots n'étaient pas clairs, ils savaient qu'il était proche de la mort.
Aunque las palabras no eran claras, sabían que estaba cerca de morir.

Le son de la voix de Thornton frappa Buck comme une décharge électrique.
El sonido de la voz de Thornton golpeó a Buck como una sacudida eléctrica.

Il sauta et courut sur la berge, retournant au point de lancement.
Saltó y corrió por la orilla, regresando al punto de lanzamiento.

Ils attachèrent à nouveau la corde à Buck, et il entra à nouveau dans le ruisseau.
Nuevamente ataron la cuerda a Buck, y nuevamente entró al arroyo.

Cette fois, il nagea directement et fermement dans l'eau tumultueuse.
Esta vez nadó directo y firmemente hacia el agua que palpitaba.

Hans laissa sortir la corde régulièrement tandis que Pete l'empêchait de s'emmêler.
Hans soltó la cuerda con firmeza mientras Pete evitaba que se enredara.

Buck a nagé avec acharnement jusqu'à ce qu'il soit aligné juste au-dessus de Thornton.
Buck nadó con fuerza hasta que estuvo alineado justo encima de Thornton.

Puis il s'est retourné et a foncé comme un train à toute vitesse.
Luego se dio la vuelta y se lanzó hacia abajo como un tren a toda velocidad.

Thornton le vit arriver, se redressa et entoura son cou de ses bras.
Thornton lo vio venir, se preparó y le rodeó el cuello con los brazos.

Hans a attaché la corde fermement autour d'un arbre alors qu'ils étaient tous les deux entraînés sous l'eau.
Hans ató la cuerda fuertemente alrededor de un árbol mientras ambos eran arrastrados hacia abajo.

Ils ont dégringolé sous l'eau, s'écrasant contre des rochers et des débris de la rivière.
Cayeron bajo el agua y se estrellaron contra rocas y escombros del río.

Un instant, Buck était au sommet, l'instant d'après, Thornton se levait en haletant.
En un momento Buck estaba arriba y al siguiente Thornton se levantó jadeando.

Battus et étouffés, ils se dirigèrent vers la rive et la sécurité.
Maltratados y asfixiados, se desviaron hacia la orilla y se pusieron a salvo.

Thornton a repris connaissance, allongé sur un tronc d'arbre.
Thornton recuperó el conocimiento, acostado sobre un tronco a la deriva.

Hans et Pete ont travaillé dur pour lui redonner souffle et vie.

Hans y Pete trabajaron duro para devolverle el aliento y la vida.

Sa première pensée fut pour Buck, qui gisait immobile et mou.

Su primer pensamiento fue para Buck, que yacía inmóvil y flácido.

Nig hurla sur le corps de Buck et Skeet lui lécha doucement le visage.

Nig aulló sobre el cuerpo de Buck y Skeet le lamió la cara suavemente.

Thornton, endolori et meurtri, examina Buck avec des mains prudentes.

Thornton, dolorido y magullado, examinó a Buck con manos cuidadosas.

Il a trouvé trois côtes cassées, mais aucune blessure mortelle chez le chien.

Encontró tres costillas rotas, pero ninguna herida mortal en el perro.

« C'est réglé », dit Thornton. « On campe ici. » Et c'est ce qu'ils firent.

"Eso lo resuelve", dijo Thornton. "Acamparemos aquí". Y así lo hicieron.

Ils sont restés jusqu'à ce que les côtes de Buck soient guéries et qu'il puisse à nouveau marcher.

Se quedaron hasta que las costillas de Buck sanaron y pudo caminar nuevamente.

Cet hiver-là, Buck accomplit un exploit qui augmenta encore sa renommée.

Ese invierno, Buck realizó una hazaña que aumentó aún más su fama.

C'était moins héroïque que de sauver Thornton, mais tout aussi impressionnant.

Fue menos heroico que salvar a Thornton, pero igual de impresionante.

À Dawson, les partenaires avaient besoin de provisions pour un long voyage.

En Dawson, los socios necesitaban suministros para un viaje lejano.
Ils voulaient voyager vers l'Est, dans des terres sauvages et intactes.
Querían viajar hacia el Este, hacia tierras vírgenes y silvestres.
L'acte de Buck dans l'Eldorado Saloon a rendu ce voyage possible.
La escritura de Buck en el Eldorado Saloon hizo posible ese viaje.
Tout a commencé avec des hommes qui se vantaient de leurs chiens en buvant un verre.
Todo empezó con hombres alardeando de sus perros mientras bebían.
La renommée de Buck a fait de lui la cible de défis et de doutes.
La fama de Buck lo convirtió en blanco de desafíos y dudas.
Thornton, fier et calme, resta ferme dans la défense du nom de Buck.
Thornton, orgulloso y tranquilo, se mantuvo firme en la defensa del nombre de Buck.
Un homme a déclaré que son chien pouvait facilement tirer deux cents kilos.
Un hombre dijo que su perro podía levantar doscientos cincuenta kilos con facilidad.
Un autre a dit six cents, et un troisième s'est vanté d'en avoir sept cents.
Otro dijo seiscientos, y un tercero se jactó de setecientos.
« Pfft ! » dit John Thornton, « Buck peut tirer un traîneau de mille livres. »
"¡Pfft!" dijo John Thornton, "Buck puede tirar de un trineo de mil libras".
Matthewson, un roi de Bonanza, s'est penché en avant et l'a défié.
Matthewson, un Rey de Bonanza, se inclinó hacia delante y lo desafió.
« Tu penses qu'il peut mettre autant de poids en mouvement ? »

¿Crees que puede poner tanto peso en movimiento?
« Et tu penses qu'il peut tirer le poids sur une centaine de mètres ? »
"¿Y crees que puede tirar del peso cien yardas enteras?"
Thornton répondit froidement : « Oui. Buck est assez doué pour le faire. »
Thornton respondió con frialdad: «Sí. Buck es lo suficientemente bueno como para hacerlo».
« Il mettra mille livres en mouvement et le tirera sur une centaine de mètres. »
"Pondrá mil libras en movimiento y las arrastrará cien yardas".
Matthewson sourit lentement et s'assura que tous les hommes entendaient ses paroles.
Matthewson sonrió lentamente y se aseguró de que todos los hombres escucharan sus palabras.
« J'ai mille dollars qui disent qu'il ne peut pas. Le voilà. »
Tengo mil dólares que dicen que no puede. Ahí está.
Il a claqué un sac de poussière d'or de la taille d'une saucisse sur le bar.
Arrojó un saco de polvo de oro del tamaño de una salchicha sobre la barra.
Personne ne dit un mot. Le silence devint pesant et tendu autour d'eux.
Nadie dijo una palabra. El silencio se hizo denso y tenso a su alrededor.
Le bluff de Thornton – s'il en était un – avait été pris au sérieux.
El engaño de Thornton —si es que lo hubo— había sido tomado en serio.
Il sentit la chaleur monter sur son visage tandis que le sang affluait sur ses joues.
Sintió que el calor le subía a la cara mientras la sangre le subía a las mejillas.
Sa langue avait pris le pas sur sa raison à ce moment-là.
En ese momento su lengua se había adelantado a su razón.
Il ne savait vraiment pas si Buck pouvait déplacer mille livres.

Realmente no sabía si Buck podría mover mil libras.
Une demi-tonne ! Rien que sa taille lui pesait le cœur.
¡Media tonelada! Solo su tamaño le hacía sentir un gran peso en el corazón.
Il avait foi en la force de Buck et le pensait capable.
Tenía fe en la fuerza de Buck y creía que era capaz.
Mais il n'avait jamais été confronté à ce genre de défi, pas comme celui-ci.
Pero nunca se había enfrentado a un desafío así, no de esta manera.
Une douzaine d'hommes l'observaient tranquillement, attendant de voir ce qu'il allait faire.
Una docena de hombres lo observaban en silencio, esperando ver qué haría.
Il n'avait pas d'argent, ni Hans ni Pete.
Él no tenía el dinero, ni tampoco Hans ni Pete.
« J'ai un traîneau dehors », dit Matthewson froidement et directement.
"Tengo un trineo afuera", dijo Matthewson fría y directamente.
« Il est chargé de vingt sacs de cinquante livres chacun, tous de farine.
"Está cargado con veinte sacos de cincuenta libras cada uno, todo de harina.
« Alors ne laissez pas un traîneau manquant devenir votre excuse maintenant », a-t-il ajouté.
Así que no dejen que un trineo perdido sea su excusa ahora", añadió.
Thornton resta silencieux. Il ne savait pas quels mots lui dire.
Thornton permaneció en silencio. No sabía qué decir.
Il regarda les visages autour de lui sans les voir clairement.
Miró a su alrededor los rostros sin verlos con claridad.
Il ressemblait à un homme figé dans ses pensées, essayant de redémarrer.
Parecía un hombre congelado en sus pensamientos, intentando reiniciarse.
Puis il a vu Jim O'Brien, un ami de l'époque Mastodon.

Luego vio a Jim O'Brien, un amigo de la época de Mastodon.
Ce visage familier lui a donné un courage qu'il ne savait pas avoir.
Ese rostro familiar le dio un coraje que no sabía que tenía.
Il se tourna et demanda à voix basse : « Peux-tu me prêter mille ? »
Se giró y preguntó en voz baja: "¿Puedes prestarme mil?"
« Bien sûr », dit O'Brien, laissant déjà tomber un lourd sac près de l'or.
"Claro", dijo O'Brien, dejando caer un pesado saco junto al oro.
« Mais honnêtement, John, je ne crois pas que la bête puisse faire ça. »
"Pero la verdad, John, no creo que la bestia pueda hacer esto".
Tout le monde dans le Saloon Eldorado s'est précipité dehors pour voir l'événement.
Todos los que estaban en el Eldorado Saloon corrieron hacia afuera para ver el evento.
Ils ont laissé les tables et les boissons, et même les jeux ont été interrompus.
Abandonaron las mesas y las bebidas, e incluso los juegos se pausaron.
Les croupiers et les joueurs sont venus assister à la fin de ce pari audacieux.
Comerciantes y jugadores acudieron para presenciar el final de la audaz apuesta.
Des centaines de personnes se sont rassemblées autour du traîneau dans la rue glacée.
Cientos de personas se reunieron alrededor del trineo en la calle helada y abierta.
Le traîneau de Matthewson était chargé d'une charge complète de sacs de farine.
El trineo de Matthewson estaba cargado con un montón de sacos de harina.
Le traîneau était resté immobile pendant des heures à des températures négatives.

El trineo había permanecido parado durante horas a temperaturas bajo cero.
Les patins du traîneau étaient gelés et collés à la neige tassée.
Los patines del trineo estaban congelados y pegados a la nieve compacta.
Les hommes ont offert une cote de deux contre un que Buck ne pourrait pas déplacer le traîneau.
Los hombres ofrecieron dos a uno de que Buck no podría mover el trineo.
Une dispute a éclaté sur ce que signifiait réellement « sortir ».
Se desató una disputa sobre lo que realmente significaba "break out".
O'Brien a déclaré que Thornton devrait desserrer la base gelée du traîneau.
O'Brien dijo que Thornton debería aflojar la base congelada del trineo.
Buck pourrait alors « sortir » d'un départ solide et immobile.
Buck pudo entonces "escapar" de un comienzo sólido e inmóvil.
Matthewson a soutenu que le chien devait également libérer les coureurs.
Matthewson argumentó que el perro también debe liberar a los corredores.
Les hommes qui avaient entendu le pari étaient d'accord avec le point de vue de Matthewson.
Los hombres que habían escuchado la apuesta estuvieron de acuerdo con la opinión de Matthewson.
Avec cette décision, les chances sont passées à trois contre un contre Buck.
Con esa decisión, las probabilidades aumentaron a tres a uno en contra de Buck.
Personne ne s'est manifesté pour prendre en compte les chances croissantes de trois contre un.
Nadie se animó a asumir las crecientes probabilidades de tres a uno.

Pas un seul homme ne croyait que Buck pouvait accomplir un tel exploit.
Ningún hombre creyó que Buck pudiera realizar la gran hazaña.
Thornton s'était précipité dans le pari, lourd de doutes.
Thornton se había apresurado a hacer la apuesta, cargado de dudas.
Il regarda alors le traîneau et l'attelage de dix chiens à côté.
Ahora miró el trineo y el equipo de diez perros que estaba a su lado.
En voyant la réalité de la tâche, elle semblait encore plus impossible.
Ver la realidad de la tarea la hizo parecer más imposible.
Matthewson était plein de fierté et de confiance à ce moment-là.
Matthewson estaba lleno de orgullo y confianza en ese momento.
« Trois contre un ! » cria-t-il. « Je parie mille de plus, Thornton !
—¡Tres a uno! —gritó—. ¡Apuesto mil más, Thornton!
« Que dites-vous ? » ajouta-t-il, assez fort pour que tout le monde l'entende.
"¿Qué dices?" añadió lo suficientemente alto para que todos lo oyeran.
Le visage de Thornton exprimait ses doutes, mais son esprit s'était élevé.
El rostro de Thornton mostraba sus dudas, pero su ánimo se había elevado.
Cet esprit combatif ignorait les probabilités et ne craignait rien du tout.
Ese espíritu de lucha ignoraba las probabilidades y no temía a nada en absoluto.
Il a appelé Hans et Pete pour apporter tout leur argent sur la table.
Llamó a Hans y Pete para que trajeran todo su dinero a la mesa.

Il ne leur restait plus grand-chose : seulement deux cents dollars au total.
Les quedaba poco: sólo doscientos dólares en total.
Cette petite somme représentait toute leur fortune pendant les temps difficiles.
Esta pequeña suma constituía su fortuna total en tiempos difíciles.
Pourtant, ils ont misé toute leur fortune contre le pari de Matthewson.
Aún así, apostaron toda su fortuna contra la apuesta de Matthewson.
L'attelage de dix chiens a été détélé et éloigné du traîneau.
El equipo de diez perros fue desenganchado y se alejó del trineo.
Buck a été placé dans les rênes, portant son harnais familier.
Buck fue colocado en las riendas, vistiendo su arnés familiar.
Il avait capté l'énergie de la foule et ressenti la tension.
Había captado la energía de la multitud y sentía la tensión.
D'une manière ou d'une autre, il savait qu'il devait faire quelque chose pour John Thornton.
De alguna manera, sabía que tenía que hacer algo por John Thornton.
Les gens murmuraient avec admiration devant la fière silhouette du chien.
La gente murmuraba con admiración ante la orgullosa figura del perro.
Il était mince et fort, sans une seule once de chair supplémentaire.
Era delgado y fuerte, sin un solo gramo de carne extra.
Son poids total de cent cinquante livres n'était que puissance et endurance.
Su peso total de ciento cincuenta libras era todo potencia y resistencia.
Le pelage de Buck brillait comme de la soie, épais de santé et de force.
El pelaje de Buck brillaba como la seda, espeso y saludable.

La fourrure le long de son cou et de ses épaules semblait se soulever et se hérisser.
El pelaje a lo largo de su cuello y hombros pareció levantarse y erizarse.
Sa crinière bougeait légèrement, chaque cheveu vivant de sa grande énergie.
Su melena se movía levemente, cada cabello vivo con su gran energía.
Sa large poitrine et ses jambes fortes correspondaient à sa silhouette lourde et robuste.
Su pecho ancho y sus piernas fuertes hacían juego con su cuerpo pesado y duro.
Des muscles ondulaient sous son manteau, tendus et fermes comme du fer lié.
Los músculos se ondulaban bajo su abrigo, tensos y firmes como hierro.
Les hommes le touchaient et juraient qu'il était bâti comme une machine en acier.
Los hombres lo tocaron y juraron que estaba construido como una máquina de acero.
Les chances ont légèrement baissé à deux contre un contre le grand chien.
Las probabilidades bajaron levemente a dos a uno contra el gran perro.
Un homme des bancs de Skookum s'avança en bégayant.
Un hombre de los bancos Skookum se adelantó, tartamudeando.
« Bien, monsieur ! J'offre huit cents pour lui – avant l'examen, monsieur ! »
—¡Bien, señor! ¡Ofrezco ochocientas libras por él, antes del examen, señor!
« Huit cents, tel qu'il est en ce moment ! » insista l'homme.
"¡Ochocientos, tal como está ahora mismo!" insistió el hombre.
Thornton s'avança, sourit et secoua calmement la tête.
Thornton dio un paso adelante, sonrió y meneó la cabeza con calma.

Matthewson est rapidement intervenu avec une voix d'avertissement et un froncement de sourcils.
Matthewson intervino rápidamente con una voz de advertencia y el ceño fruncido.
« Éloignez-vous de lui », dit-il. « Laissez-lui de l'espace. »
—Debes alejarte de él —dijo—. Dale espacio.
La foule se tut ; seuls les joueurs continuaient à miser deux contre un.
La multitud quedó en silencio; sólo los jugadores seguían ofreciendo dos a uno.
Tout le monde admirait la carrure de Buck, mais la charge semblait trop lourde.
Todos admiraban la complexión de Buck, pero la carga parecía demasiado grande.
Vingt sacs de farine, pesant chacun cinquante livres, semblaient beaucoup trop.
Veinte sacos de harina, cada uno de cincuenta libras de peso, parecían demasiados.
Personne n'était prêt à ouvrir sa bourse et à risquer son argent.
Nadie estaba dispuesto a abrir su bolsa y arriesgar su dinero.
Thornton s'agenouilla à côté de Buck et prit sa tête à deux mains.
Thornton se arrodilló junto a Buck y tomó su cabeza con ambas manos.
Il pressa sa joue contre celle de Buck et lui parla à l'oreille.
Presionó su mejilla contra la de Buck y le habló al oído.
Il n'y avait plus de secousses enjouées ni d'insultes affectueuses murmurées.
Ya no había apretones juguetones ni susurros de insultos amorosos.
Il murmura simplement doucement : « Autant que tu m'aimes, Buck. »
Él sólo murmuró suavemente: "Tanto como me amas, Buck".
Buck émit un gémissement silencieux, son impatience à peine contenue.

Buck dejó escapar un gemido silencioso, su entusiasmo apenas fue contenido.

Les spectateurs observaient avec curiosité la tension qui emplissait l'air.

Los espectadores observaron con curiosidad cómo la tensión llenaba el aire.

Le moment semblait presque irréel, comme quelque chose qui dépassait la raison.

El momento parecía casi irreal, como algo más allá de la razón.

Lorsque Thornton se leva, Buck prit doucement sa main dans ses mâchoires.

Cuando Thornton se puso de pie, Buck tomó suavemente su mano entre sus mandíbulas.

Il appuya avec ses dents, puis relâcha lentement et doucement.

Presionó con los dientes y luego lo soltó lenta y suavemente.

C'était une réponse silencieuse d'amour, non prononcée, mais comprise.

Fue una respuesta silenciosa de amor, no dicha, pero entendida.

Thornton s'éloigna du chien et donna le signal.

Thornton se alejó bastante del perro y dio la señal.

« Maintenant, Buck », dit-il, et Buck répondit avec un calme concentré.

—Ahora, Buck —dijo, y Buck respondió con calma y concentración.

Buck a resserré les traces, puis les a desserrées de quelques centimètres.

Buck apretó las correas y luego las aflojó unos centímetros.

C'était la méthode qu'il avait apprise ; sa façon de briser le traîneau.

Éste era el método que había aprendido; su manera de romper el trineo.

« Tiens ! » cria Thornton, sa voix aiguë dans le silence pesant.

—¡Caramba! —gritó Thornton con voz aguda en el pesado silencio.

Buck se tourna vers la droite et se jeta de tout son poids.
Buck giró hacia la derecha y se lanzó con todo su peso.
Le mou disparut et toute la masse de Buck heurta les lignes serrées.
La holgura desapareció y la masa total de Buck golpeó las cuerdas apretadas.
Le traîneau tremblait et les patins émettaient un bruit de crépitement.
El trineo tembló y los patines produjeron un crujido crujiente.
« Haw ! » ordonna Thornton, changeant à nouveau la direction de Buck.
—¡Ja! —ordenó Thornton, cambiando nuevamente la dirección de Buck.
Buck répéta le mouvement, cette fois en tirant brusquement vers la gauche.
Buck repitió el movimiento, esta vez tirando bruscamente hacia la izquierda.
Le traîneau craquait plus fort, les patins claquaient et se déplaçaient.
El trineo crujió más fuerte y los patines crujieron y se movieron.
La lourde charge glissait légèrement latéralement sur la neige gelée.
La pesada carga se deslizó ligeramente hacia un lado sobre la nieve congelada.
Le traîneau s'était libéré de l'emprise du sentier glacé !
¡El trineo se había soltado del sendero helado!
Les hommes retenaient leur souffle, ignorant qu'ils ne respiraient même pas.
Los hombres contenían la respiración, sin darse cuenta de que ni siquiera estaban respirando.
« Maintenant, TIREZ ! » cria Thornton à travers le silence glacial.
—¡Ahora, TIRA! —gritó Thornton a través del silencio helado.
L'ordre de Thornton résonna fort, comme le claquement d'un fouet.

La orden de Thornton sonó aguda, como el chasquido de un látigo.

Buck se jeta en avant avec un mouvement violent et saccadé.
Buck se lanzó hacia adelante con una estocada feroz y estremecedora.

Tout son corps se tendit et se contracta sous l'énorme tension.
Todo su cuerpo se tensó y se arrugó por la enorme tensión.

Des muscles ondulaient sous sa fourrure comme des serpents prenant vie.
Los músculos se ondulaban bajo su pelaje como serpientes que cobraban vida.

Sa large poitrine était basse, la tête tendue vers l'avant en direction du traîneau.
Su gran pecho estaba bajo y la cabeza estirada hacia delante, hacia el trineo.

Ses pattes bougeaient comme l'éclair, ses griffes tranchant le sol gelé.
Sus patas se movían como un rayo y sus garras cortaban el suelo helado.

Des rainures ont été creusées profondément alors qu'il luttait pour chaque centimètre de traction.
Los surcos se abrieron profundos mientras luchaba por cada centímetro de tracción.

Le traîneau se balança, trembla et commença un mouvement lent et agité.
El trineo se balanceó, tembló y comenzó un movimiento lento e inquieto.

Un pied a glissé et un homme dans la foule a gémi à haute voix.
Un pie resbaló y un hombre entre la multitud gimió en voz alta.

Puis le traîneau s'élança en avant dans un mouvement saccadé et brusque.
Entonces el trineo se lanzó hacia adelante con un movimiento brusco y espasmódico.

Cela ne s'est pas arrêté à nouveau - un demi-pouce... un pouce... deux pouces de plus.
No se detuvo de nuevo: media pulgada... una pulgada... dos pulgadas más.
Les secousses devinrent plus faibles à mesure que le traîneau commençait à prendre de la vitesse.
Los tirones se hicieron más pequeños a medida que el trineo empezó a ganar velocidad.
Bientôt, Buck tirait avec une puissance douce et régulière.
Pronto Buck estaba tirando con una potencia suave, uniforme y rodante.
Les hommes haletèrent et finirent par se rappeler de respirer à nouveau.
Los hombres jadearon y finalmente recordaron respirar de nuevo.
Ils n'avaient pas remarqué que leur souffle s'était arrêté de stupeur.
No se habían dado cuenta de que su respiración se había detenido por el asombro.
Thornton courait derrière, lançant des ordres courts et joyeux.
Thornton corrió detrás, gritando órdenes breves y alegres.
Devant nous se trouvait une pile de bois de chauffage qui marquait la distance.
Más adelante había una pila de leña que marcaba la distancia.
Alors que Buck s'approchait du tas, les acclamations devenaient de plus en plus fortes.
A medida que Buck se acercaba a la pila, los vítores se hacían cada vez más fuertes.
Les acclamations se sont transformées en rugissement lorsque Buck a dépassé le point d'arrivée.
Los aplausos aumentaron hasta convertirse en un rugido cuando Buck pasó el punto final.
Les hommes ont sauté et crié, même Matthewson a esquissé un sourire.
Los hombres saltaron y gritaron, incluso Matthewson sonrió.

Les chapeaux volaient dans les airs, les mitaines étaient lancées sans réfléchir ni viser.
Los sombreros volaron por el aire y los guantes fueron arrojados sin pensar ni rumbo.
Les hommes se sont attrapés et se sont serré la main sans savoir à qui.
Los hombres se abrazaron y se dieron la mano sin saber a quién.
Toute la foule bourdonnait d'une célébration folle et joyeuse.
Toda la multitud vibró en una celebración salvaje y alegre.
Thornton tomba à genoux à côté de Buck, les mains tremblantes.
Thornton cayó de rodillas junto a Buck con manos temblorosas.
Il pressa sa tête contre celle de Buck et le secoua doucement d'avant en arrière.
Apretó su cabeza contra la de Buck y lo sacudió suavemente hacia adelante y hacia atrás.
Ceux qui s'approchaient l'entendaient maudire le chien avec un amour silencieux.
Los que se acercaron le oyeron maldecir al perro con silencioso amor.
Il a insulté Buck pendant un long moment, doucement, chaleureusement, avec émotion.
Maldijo a Buck durante un largo rato, suavemente, cálidamente, con emoción.
« Bien, monsieur ! Bien, monsieur ! » s'écria précipitamment le roi du Banc Skookum.
—¡Bien, señor! ¡Bien, señor! —gritó el rey del Banco Skookum a toda prisa.
« Je vous donne mille, non, douze cents, pour ce chien, monsieur ! »
—¡Le daré mil, no, mil doscientos, por ese perro, señor!
Thornton se leva lentement, les yeux brillants d'émotion.
Thornton se puso de pie lentamente, con los ojos brillantes de emoción.

Les larmes coulaient ouvertement sur ses joues sans aucune honte.
Las lágrimas corrían abiertamente por sus mejillas sin ninguna vergüenza.
« Monsieur », dit-il au roi du banc Skookum, ferme et posé.
"Señor", le dijo al rey del Banco Skookum, firme y firme.
« Non, monsieur. Allez au diable, monsieur. C'est ma réponse définitive. »
—No, señor. Puede irse al infierno, señor. Esa es mi última respuesta.
Buck attrapa doucement la main de Thornton dans ses mâchoires puissantes.
Buck agarró suavemente la mano de Thornton con sus fuertes mandíbulas.
Thornton le secoua de manière enjouée, leur lien étant plus profond que jamais.
Thornton lo sacudió juguetonamente; su vínculo era más profundo que nunca.
La foule, émue par l'instant, recula en silence.
La multitud, conmovida por el momento, retrocedió en silencio.
Dès lors, personne n'osa interrompre cette affection si sacrée.
Desde entonces nadie se atrevió a interrumpir tan sagrado afecto.

Le son de l'appel
El sonido de la llamada

Buck avait gagné seize cents dollars en cinq minutes.
Buck había ganado mil seiscientos dólares en cinco minutos.
Cet argent a permis à John Thornton de payer une partie de ses dettes.
El dinero permitió a John Thornton pagar algunas de sus deudas.
Avec le reste de l'argent, il se dirigea vers l'Est avec ses partenaires.
Con el resto del dinero se dirigió al Este con sus socios.
Ils cherchaient une mine perdue légendaire, aussi vieille que le pays lui-même.
Buscaban una legendaria mina perdida, tan antigua como el país mismo.
Beaucoup d'hommes avaient cherché la mine, mais peu l'avaient trouvée.
Muchos hombres habían buscado la mina, pero pocos la habían encontrado.
Plus d'un homme avait disparu au cours de cette quête dangereuse.
Más de unos pocos hombres habían desaparecido durante la peligrosa búsqueda.
Cette mine perdue était enveloppée à la fois de mystère et d'une vieille tragédie.
Esta mina perdida estaba envuelta en misterio y vieja tragedia.
Personne ne savait qui avait été le premier homme à découvrir la mine.
Nadie sabía quién había sido el primer hombre que encontró la mina.
Les histoires les plus anciennes ne mentionnent personne par son nom.
Las historias más antiguas no mencionan a nadie por su nombre.
Il y avait toujours eu là une vieille cabane délabrée.
Siempre había habido allí una antigua y destartalada cabaña.

Des hommes mourants avaient juré qu'il y avait une mine à côté de cette vieille cabane.
Los hombres moribundos habían jurado que había una mina al lado de aquella vieja cabaña.

Ils ont prouvé leurs histoires avec de l'or comme on n'en trouve nulle part ailleurs.
Probaron sus historias con oro como ningún otro en ningún otro lugar.

Aucune âme vivante n'avait jamais pillé le trésor de cet endroit.
Ningún alma viviente había jamás saqueado el tesoro de aquel lugar.

Les morts étaient morts, et les morts ne racontent pas d'histoires.
Los muertos estaban muertos, y los muertos no cuentan historias.

Thornton et ses amis se dirigèrent donc vers l'Est.
Entonces Thornton y sus amigos se dirigieron al Este.

Pete et Hans se sont joints à eux, amenant Buck et six chiens forts.
Pete y Hans se unieron, trayendo a Buck y seis perros fuertes.

Ils se sont lancés sur un chemin inconnu là où d'autres avaient échoué.
Se embarcaron en un camino desconocido donde otros habían fracasado.

Ils ont parcouru soixante-dix milles en traîneau sur le fleuve Yukon gelé.
Se deslizaron en trineo setenta millas por el congelado río Yukón.

Ils tournèrent à gauche et suivirent le sentier jusqu'au Stewart.
Giraron a la izquierda y siguieron el sendero hacia Stewart.

Ils passèrent le Mayo et le McQuestion, poursuivant leur route.
Pasaron Mayo y McQuestion y siguieron adelante.

Le Stewart s'est rétréci en un ruisseau, traversant des pics déchiquetés.

El río Stewart se encogió y se convirtió en un arroyo, atravesando picos irregulares.
Ces pics acérés marquaient l'épine dorsale même du continent.
Estos picos afilados marcaban la columna vertebral del continente.
John Thornton exigeait peu des hommes ou de la nature sauvage.
John Thornton exigía poco a los hombres y a la tierra salvaje.
Il ne craignait rien dans la nature et affrontait la nature sauvage avec aisance.
No temía a nada de la naturaleza y se enfrentaba a lo salvaje con facilidad.
Avec seulement du sel et un fusil, il pouvait voyager où il le souhaitait.
Con sólo sal y un rifle, podría viajar a donde quisiera.
Comme les indigènes, il chassait de la nourriture pendant ses voyages.
Al igual que los nativos, cazaba alimentos mientras viajaba.
S'il n'attrapait rien, il continuait, confiant en la chance qui l'attendait.
Si no pescaba nada, seguía adelante, confiando en que la suerte le acompañaría.
Au cours de ce long voyage, la viande était la principale nourriture qu'ils mangeaient.
En este largo viaje, la carne era lo principal que comían.
Le traîneau contenait des outils et des munitions, mais aucun horaire strict.
El trineo contenía herramientas y municiones, pero no un horario estricto.
Buck adorait cette errance, la chasse et la pêche sans fin.
A Buck le encantaba este vagabundeo, la caza y la pesca interminables.
Pendant des semaines, ils ont voyagé jour après jour.
Durante semanas estuvieron viajando día tras día.
D'autres fois, ils établissaient des camps et restaient immobiles pendant des semaines.

Otras veces montaban campamentos y permanecían allí durante semanas.
Les chiens se reposaient pendant que les hommes creusaient dans la terre gelée.
Los perros descansaron mientras los hombres cavaban en la tierra congelada.
Ils chauffaient des poêles sur des feux et cherchaient de l'or caché.
Calentaron sartenes sobre el fuego y buscaron oro escondido.
Certains jours, ils souffraient de faim, et d'autres jours, ils faisaient des festins.
Algunos días pasaban hambre y otros días tenían fiestas.
Leurs repas dépendaient du gibier et de la chance de la chasse.
Sus comidas dependían de la presa y de la suerte de la caza.
Quand l'été arrivait, les hommes et les chiens chargeaient des charges sur leur dos.
Cuando llegaba el verano, los hombres y los perros cargaban cargas sobre sus espaldas.
Ils ont fait du rafting sur des lacs bleus cachés dans des forêts de montagne.
Navegaron por lagos azules escondidos en bosques de montaña.
Ils naviguaient sur des bateaux minces sur des rivières qu'aucun homme n'avait jamais cartographiées.
Navegaban en delgadas embarcaciones por ríos que ningún hombre había cartografiado jamás.
Ces bateaux ont été construits à partir d'arbres sciés dans la nature.
Esos barcos se construyeron a partir de árboles que cortaban en la naturaleza.

Les mois passèrent et ils sillonnèrent des terres sauvages et inconnues.
Los meses pasaron y ellos serpentearon por tierras salvajes y desconocidas.

Il n'y avait pas d'hommes là-bas, mais de vieilles traces suggéraient qu'il y en avait eu.
No había hombres allí, aunque había rastros antiguos que indicaban que había habido hombres.

Si la Cabane Perdue était réelle, alors d'autres étaient déjà passés par là.
Si la Cabaña Perdida fue real, entonces otras personas habían pasado por allí alguna vez.

Ils traversaient des cols élevés dans des blizzards, même pendant l'été.
Cruzaron pasos altos en medio de tormentas de nieve, incluso en verano.

Ils frissonnaient sous le soleil de minuit sur les pentes nues des montagnes.
Temblaban bajo el sol de medianoche en las laderas desnudas de las montañas.

Entre la limite des arbres et les champs de neige, ils montaient lentement.
Entre la línea de árboles y los campos de nieve, subieron lentamente.

Dans les vallées chaudes, ils écrasaient des nuages de moucherons et de mouches.
En los valles cálidos, aplastaban nubes de mosquitos y moscas.

Ils cueillaient des baies sucrées près des glaciers en pleine floraison estivale.
Recogieron bayas dulces cerca de los glaciares en plena floración del verano.

Les fleurs qu'ils ont trouvées étaient aussi belles que celles du Southland.
Las flores que encontraron eran tan hermosas como las de las Tierras del Sur.

Cet automne-là, ils atteignirent une région solitaire remplie de lacs silencieux.
Ese otoño llegaron a una región solitaria llena de lagos silenciosos.

La terre était triste et vide, autrefois pleine d'oiseaux et de bêtes.

La tierra estaba triste y vacía, una vez llena de pájaros y bestias.
Il n'y avait plus de vie, seulement le vent et la glace qui se formait dans les flaques.
Ahora no había vida, sólo el viento y el hielo formándose en charcos.
Les vagues s'écrasaient sur les rivages déserts avec un son doux et lugubre.
Las olas golpeaban las orillas vacías con un sonido suave y triste.

Un autre hiver arriva et ils suivirent à nouveau de vieux sentiers lointains.
Llegó otro invierno y volvieron a seguir los viejos y tenues senderos.
C'étaient les traces d'hommes qui les avaient cherchés bien avant eux.
Éstos eran los rastros de hombres que habían buscado mucho antes que ellos.
Un jour, ils trouvèrent un chemin creusé profondément dans la forêt sombre.
Un día encontraron un camino que se adentraba profundamente en el bosque oscuro.
C'était un vieux sentier, et ils sentaient que la cabane perdue était proche.
Era un sendero antiguo y sintieron que la cabaña perdida estaba cerca.
Mais le sentier ne menait nulle part et s'enfonçait dans les bois épais.
Pero el sendero no conducía a ninguna parte y se perdía en el espeso bosque.
Personne ne savait qui avait fait ce sentier et pourquoi.
Nadie sabe quién hizo el sendero ni por qué lo hizo.
Plus tard, ils ont trouvé l'épave d'un lodge caché parmi les arbres.
Más tarde encontraron los restos de una cabaña escondidos entre los árboles.

Des couvertures pourries gisaient éparpillées là où quelqu'un avait dormi.
Mantas podridas yacían esparcidas donde alguna vez alguien había dormido.
John Thornton a trouvé un fusil à silex à long canon enterré à l'intérieur.
John Thornton encontró una pistola de chispa de cañón largo enterrada en el interior.
Il savait qu'il s'agissait d'un fusil de la Baie d'Hudson depuis les premiers jours de son commerce.
Sabía que se trataba de un cañón de la Bahía de Hudson desde los primeros días de su comercialización.
À cette époque, ces armes étaient échangées contre des piles de peaux de castor.
En aquella época, estas armas se intercambiaban por montones de pieles de castor.
C'était tout : il ne restait aucune trace de l'homme qui avait construit le lodge.
Eso fue todo: no quedó ninguna pista del hombre que construyó el albergue.

Le printemps est revenu et ils n'ont trouvé aucun signe de la Cabane Perdue.
Llegó nuevamente la primavera y no encontraron ninguna señal de la Cabaña Perdida.
Au lieu de cela, ils trouvèrent une large vallée avec un ruisseau peu profond.
En lugar de eso encontraron un valle amplio con un arroyo poco profundo.
L'or recouvrait le fond des casseroles comme du beurre jaune et lisse.
El oro se extendía sobre el fondo de las sartenes como mantequilla suave y amarilla.
Ils s'arrêtèrent là et ne cherchèrent plus la cabane.
Se detuvieron allí y no buscaron más la cabaña.
Chaque jour, ils travaillaient et trouvaient des milliers de pièces d'or en poudre.

Cada día trabajaban y encontraban miles en polvo de oro.
Ils ont emballé l'or dans des sacs de peau d'élan, de cinquante livres chacun.
Empaquetaron el oro en bolsas de piel de alce, de cincuenta libras cada una.
Les sacs étaient empilés comme du bois de chauffage à l'extérieur de leur petite loge.
Las bolsas estaban apiladas como leña afuera de su pequeña cabaña.
Ils travaillaient comme des géants et les jours passaient comme des rêves rapides.
Trabajaron como gigantes y los días pasaban como sueños rápidos.
Ils ont amassé des trésors au fil des jours sans fin.
Acumularon tesoros a medida que los días interminables transcurrían rápidamente.
Les chiens n'avaient pas grand-chose à faire, à part transporter de la viande de temps en temps.
Los perros no tenían mucho que hacer excepto transportar carne de vez en cuando.
Thornton chassait et tuait le gibier, et Buck restait allongé près du feu.
Thornton cazó y mató el animal, y Buck se quedó tendido junto al fuego.
Il a passé de longues heures en silence, perdu dans ses pensées et ses souvenirs.
Pasó largas horas en silencio, perdido en sus pensamientos y recuerdos.
L'image de l'homme poilu revenait de plus en plus souvent à l'esprit de Buck.
La imagen del hombre peludo venía cada vez más a la mente de Buck.
Maintenant que le travail se faisait rare, Buck rêvait en clignant des yeux devant le feu.
Ahora que el trabajo escaseaba, Buck soñaba mientras parpadeaba ante el fuego.

Dans ces rêves, Buck errait avec l'homme dans un autre monde.
En esos sueños, Buck vagaba con el hombre en otro mundo.
La peur semblait être le sentiment le plus fort dans ce monde lointain.
El miedo parecía el sentimiento más fuerte en ese mundo distante.
Buck vit l'homme poilu dormir avec la tête baissée.
Buck vio al hombre peludo dormir con la cabeza gacha.
Ses mains étaient jointes et son sommeil était agité et interrompu.
Tenía las manos entrelazadas y su sueño era inquieto y entrecortado.
Il se réveillait en sursaut et regardait avec crainte dans le noir.
Solía despertarse sobresaltado y mirar con miedo hacia la oscuridad.
Ensuite, il jetait plus de bois sur le feu pour garder la flamme vive.
Luego echaba más leña al fuego para mantener la llama brillante.
Parfois, ils marchaient le long d'une plage au bord d'une mer grise et infinie.
A veces caminaban por una playa junto a un mar gris e interminable.
L'homme poilu ramassait des coquillages et les mangeait en marchant.
El hombre peludo recogía mariscos y los comía mientras caminaba.
Ses yeux cherchaient toujours des dangers cachés dans l'ombre.
Sus ojos buscaban siempre peligros ocultos en las sombras.
Ses jambes étaient toujours prêtes à sprinter au premier signe de menace.
Sus piernas siempre estaban listas para correr ante la primera señal de amenaza.

Ils rampaient à travers la forêt, silencieux et méfiants, côte à côte.
Se arrastraron por el bosque, silenciosos y cautelosos, uno al lado del otro.
Buck le suivit sur ses talons, et tous deux restèrent vigilants.
Buck lo siguió de cerca y ambos se mantuvieron alerta.
Leurs oreilles frémissaient et bougeaient, leurs nez reniflaient l'air.
Sus orejas se movían y temblaban, sus narices olfateaban el aire.
L'homme pouvait entendre et sentir la forêt aussi intensément que Buck.
El hombre podía oír y oler el bosque tan agudamente como Buck.
L'homme poilu se balançait à travers les arbres avec une vitesse soudaine.
El hombre peludo se balanceó entre los árboles con una velocidad repentina.
Il sautait de branche en branche, sans jamais lâcher prise.
Saltaba de rama en rama sin perder nunca su agarre.
Il se déplaçait aussi vite au-dessus du sol que sur celui-ci.
Se movió tan rápido sobre el suelo como sobre él.
Buck se souvenait des longues nuits passées sous les arbres, à veiller.
Buck recordó las largas noches bajo los árboles, haciendo guardia.
L'homme dormait perché dans les branches, s'accrochant fermement.
El hombre dormía recostado en las ramas, aferrado fuertemente.
Cette vision de l'homme poilu était étroitement liée à l'appel des profondeurs.
Esta visión del hombre peludo estaba estrechamente ligada al llamado profundo.
L'appel résonnait toujours à travers la forêt avec une force obsédante.

El llamado aún resonaba en el bosque con una fuerza inquietante.
L'appel remplit Buck de désir et d'un sentiment de joie incessant.
La llamada llenó a Buck de anhelo y una inquieta sensación de alegría.
Il ressentait d'étranges pulsions et des frémissements qu'il ne pouvait nommer.
Sintió impulsos y agitaciones extrañas que no podía nombrar.
Parfois, il suivait l'appel au plus profond des bois tranquilles.
A veces seguía la llamada hasta lo profundo del tranquilo bosque.
Il cherchait l'appel, aboyant doucement ou fort au fur et à mesure.
Buscó el llamado, ladrando suave o agudamente mientras caminaba.
Il renifla la mousse et la terre noire où poussaient les herbes.
Olfateó el musgo y la tierra negra donde crecían las hierbas.
Il renifla de plaisir aux riches odeurs de la terre profonde.
Resopló de alegría ante los ricos olores de la tierra profunda.
Il s'est accroupi pendant des heures derrière des troncs couverts de champignons.
Se agazapó durante horas detrás de troncos cubiertos de hongos.
Il resta immobile, écoutant les yeux écarquillés chaque petit bruit.
Se quedó quieto, escuchando con los ojos muy abiertos cada pequeño sonido.
Il espérait peut-être surprendre la chose qui avait lancé l'appel.
Quizás esperaba sorprender al objeto que le había hecho el llamado.
Il ne savait pas pourquoi il agissait de cette façon, il le faisait simplement.
Él no sabía por qué actuaba así: simplemente lo hacía.

Les pulsions venaient du plus profond de moi, au-delà de la pensée ou de la raison.
Los impulsos venían desde lo más profundo, más allá del pensamiento o la razón.
Des envies irrésistibles s'emparèrent de Buck sans avertissement ni raison.
Impulsos irresistibles se apoderaron de Buck sin previo aviso ni razón.
Parfois, il somnolait paresseusement dans le camp sous la chaleur de midi.
A veces dormitaba perezosamente en el campamento bajo el calor del mediodía.
Soudain, sa tête se releva et ses oreilles se dressèrent en alerte.
De repente, su cabeza se levantó y sus orejas se levantaron en alerta.
Puis il se leva d'un bond et se précipita dans la nature sans s'arrêter.
Entonces se levantó de un salto y se lanzó hacia lo salvaje sin detenerse.
Il a couru pendant des heures à travers les sentiers forestiers et les espaces ouverts.
Corrió durante horas por senderos forestales y espacios abiertos.
Il aimait suivre les lits des ruisseaux asséchés et espionner les oiseaux dans les arbres.
Le encantaba seguir los lechos de los arroyos secos y espiar a los pájaros en los árboles.
Il pouvait rester caché toute la journée, à regarder les perdrix se pavaner.
Podría permanecer escondido todo el día, mirando a las perdices pavonearse.
Ils tambourinaient et marchaient, inconscients de la présence de Buck.
Ellos tamborilearon y marcharon, sin percatarse de la presencia todavía de Buck.

Mais ce qu'il aimait le plus, c'était courir au crépuscule en été.
Pero lo que más le gustaba era correr al atardecer en verano.
La faible lumière et les bruits endormis de la forêt le remplissaient de joie.
La tenue luz y los sonidos soñolientos del bosque lo llenaron de alegría.
Il lisait les panneaux forestiers aussi clairement qu'un homme lit un livre.
Leyó las señales del bosque tan claramente como un hombre lee un libro.
Et il cherchait toujours la chose étrange qui l'appelait.
Y siempre buscaba aquella cosa extraña que lo llamaba.
Cet appel ne s'est jamais arrêté : il l'atteignait qu'il soit éveillé ou endormi.
Ese llamado nunca se detuvo: lo alcanzaba despierto o dormido.

Une nuit, il se réveilla en sursaut, les yeux perçants et les oreilles hautes.
Una noche, se despertó sobresaltado, con los ojos alerta y las orejas alerta.
Ses narines se contractaient tandis que sa crinière se dressait en vagues.
Sus fosas nasales se crisparon mientras su melena se erizaba en ondas.
Du plus profond de la forêt, le son résonna à nouveau, le vieil appel.
Desde lo profundo del bosque volvió a oírse el sonido, el viejo llamado.
Cette fois, le son résonnait clairement, un hurlement long, obsédant et familier.
Esta vez el sonido sonó claro, un aullido largo, inquietante y familiar.
C'était comme le cri d'un husky, mais d'un ton étrange et sauvage.
Era como el grito de un husky, pero extraño y salvaje en tono.

Buck reconnut immédiatement le son – il avait entendu exactement le même son depuis longtemps.
Buck reconoció el sonido al instante: había oído exactamente el mismo sonido hacía mucho tiempo.
Il sauta à travers le camp et disparut rapidement dans les bois.
Saltó a través del campamento y desapareció rápidamente en el bosque.
Alors qu'il s'approchait du bruit, il ralentit et se déplaça avec précaution.
A medida que se acercaba al sonido, disminuyó la velocidad y se movió con cuidado.
Bientôt, il atteignit une clairière entre d'épais pins.
Pronto llegó a un claro entre espesos pinos.
Là, debout sur ses pattes arrière, était assis un loup des bois grand et maigre.
Allí, erguido sobre sus cuartos traseros, estaba sentado un lobo de bosque alto y delgado.
Le nez du loup pointait vers le ciel, résonnant toujours de l'appel.
La nariz del lobo apuntaba hacia el cielo, todavía haciendo eco del llamado.
Buck n'avait émis aucun son, mais le loup s'arrêta et écouta.
Buck no había emitido ningún sonido, pero el lobo se detuvo y escuchó.
Sentant quelque chose, le loup se tendit, scrutant l'obscurité.
Sintiendo algo, el lobo se tensó y buscó en la oscuridad.
Buck apparut en rampant, le corps bas, les pieds immobiles sur le sol.
Buck apareció sigilosamente, con el cuerpo agachado y los pies quietos sobre el suelo.
Sa queue était droite, son corps enroulé sous la tension.
Su cola estaba recta y su cuerpo enroscado por la tensión.
Il a montré à la fois une menace et une sorte d'amitié brutale.
Mostró al mismo tiempo una amenaza y una especie de amistad ruda.

C'était le salut prudent partagé par les bêtes sauvages.
Fue el saludo cauteloso que compartían las bestias salvajes.
Mais le loup se retourna et s'enfuit dès qu'il vit Buck.
Pero el lobo se dio la vuelta y huyó tan pronto como vio a Buck.
Buck se lança à sa poursuite, sautant sauvagement, désireux de le rattraper.
Buck lo persiguió, saltando salvajemente, ansioso por alcanzarlo.
Il suivit le loup dans un ruisseau asséché bloqué par un embâcle.
Siguió al lobo hasta un arroyo seco bloqueado por un atasco de madera.
Acculé, le loup se retourna et tint bon.
Acorralado, el lobo giró y se mantuvo firme.
Le loup grognait et claquait comme un chien husky pris au piège dans un combat.
El lobo gruñó y mordió a su presa como un perro husky atrapado en una pelea.
Les dents du loup claquaient rapidement, son corps se hérissant d'une fureur sauvage.
Los dientes del lobo chasquearon rápidamente y su cuerpo se erizó de furia salvaje.
Buck n'attaqua pas mais encercla le loup avec une gentillesse prudente.
Buck no atacó, sino que rodeó al lobo con cautelosa amabilidad.
Il a essayé de bloquer sa fuite par des mouvements lents et inoffensifs.
Intentó bloquear su escape con movimientos lentos e inofensivos.
Le loup était méfiant et effrayé : Buck le dépassait trois fois.
El lobo estaba cauteloso y asustado: Buck pesaba tres veces más que él.
La tête du loup atteignait à peine l'épaule massive de Buck.
La cabeza del lobo apenas llegaba hasta el enorme hombro de Buck.

À l'affût d'une brèche, le loup s'est enfui et la poursuite a repris.
Al acecho de un hueco, el lobo salió disparado y la persecución comenzó de nuevo.
Plusieurs fois, Buck l'a coincé et la danse s'est répétée.
Varias veces Buck lo acorraló y el baile se repitió.
Le loup était maigre et faible, sinon Buck n'aurait pas pu l'attraper.
El lobo estaba delgado y débil, de lo contrario Buck no podría haberlo atrapado.
Chaque fois que Buck s'approchait, le loup se retournait et lui faisait face avec peur.
Cada vez que Buck se acercaba, el lobo giraba y lo enfrentaba con miedo.
Puis, à la première occasion, il s'est précipité dans les bois une fois de plus.
Luego, a la primera oportunidad, se lanzó de nuevo al bosque.
Mais Buck n'a pas abandonné et finalement le loup a fini par lui faire confiance.
Pero Buck no se dio por vencido y finalmente el lobo comenzó a confiar en él.
Il renifla le nez de Buck, et les deux devinrent joueurs et alertes.
Olió la nariz de Buck y los dos se pusieron juguetones y alertas.
Ils jouaient comme des animaux sauvages, féroces mais timides dans leur joie.
Jugaban como animales salvajes, feroces pero tímidos en su alegría.
Au bout d'un moment, le loup s'éloigna au trot avec un calme déterminé.
Después de un rato, el lobo se alejó trotando con calma y propósito.
Il a clairement montré à Buck qu'il voulait être suivi.
Le demostró claramente a Buck que tenía la intención de que lo siguieran.
Ils couraient côte à côte dans l'obscurité du crépuscule.

Corrieron uno al lado del otro a través de la penumbra del crepúsculo.
Ils suivirent le lit du ruisseau jusqu'à la gorge rocheuse.
Siguieron el lecho del arroyo hasta el desfiladero rocoso.
Ils traversèrent une ligne de partage des eaux froide où le ruisseau avait pris sa source.
Cruzaron una divisoria fría donde había comenzado el arroyo.
Sur la pente la plus éloignée, ils trouvèrent une vaste forêt et de nombreux ruisseaux.
En la ladera más alejada encontraron un extenso bosque y numerosos arroyos.
À travers ce vaste territoire, ils ont couru pendant des heures sans s'arrêter.
Por esta vasta tierra corrieron durante horas sin parar.
Le soleil se leva plus haut, l'air devint chaud, mais ils continuèrent à courir.
El sol salió más alto, el aire se calentó, pero ellos siguieron corriendo.
Buck était rempli de joie : il savait qu'il répondait à son appel.
Buck estaba lleno de alegría: sabía que estaba respondiendo a su llamado.
Il courut à côté de son frère de la forêt, plus près de la source de l'appel.
Corrió junto a su hermano del bosque, más cerca de la fuente del llamado.
De vieux sentiments sont revenus, puissants et difficiles à ignorer.
Los viejos sentimientos regresaron, poderosos y difíciles de ignorar.
C'étaient les vérités derrière les souvenirs de ses rêves.
Éstas eran las verdades detrás de los recuerdos de sus sueños.
Il avait déjà fait tout cela auparavant, dans un monde lointain et obscur.
Todo esto ya lo había hecho antes, en un mundo distante y sombrío.

Il recommença alors, courant librement avec le ciel ouvert au-dessus.
Ahora lo hizo de nuevo, corriendo salvajemente con el cielo abierto encima.
Ils s'arrêtèrent près d'un ruisseau pour boire l'eau froide qui coulait.
Se detuvieron en un arroyo para beber del agua fría que fluía.
Alors qu'il buvait, Buck se souvint soudain de John Thornton.
Mientras bebía, Buck de repente recordó a John Thornton.
Il s'assit en silence, déchiré par l'attrait de la loyauté et de l'appel.
Se sentó en silencio, desgarrado por la atracción de la lealtad y el llamado.
Le loup continua à trotter, mais revint pour pousser Buck à avancer.
El lobo siguió trotando, pero regresó para impulsar a Buck a seguir adelante.
Il renifla son nez et essaya de le cajoler avec des gestes doux.
Le olisqueó la nariz y trató de convencerlo con gestos suaves.
Mais Buck se retourna et reprit le chemin par lequel il était venu.
Pero Buck se dio la vuelta y comenzó a regresar por donde había venido.
Le loup courut à côté de lui pendant un long moment, gémissant doucement.
El lobo corrió a su lado durante un largo rato, gimiendo silenciosamente.
Puis il s'assit, leva le nez et poussa un long hurlement.
Luego se sentó, levantó la nariz y dejó escapar un largo aullido.
C'était un cri lugubre, qui s'adoucit à mesure que Buck s'éloignait.
Fue un grito triste, que se suavizó cuando Buck se alejó.
Buck écouta le son du cri s'estomper lentement dans le silence de la forêt.

Buck escuchó mientras el sonido del grito se desvanecía lentamente en el silencio del bosque.

John Thornton était en train de dîner lorsque Buck a fait irruption dans le camp.

John Thornton estaba cenando cuando Buck irrumpió en el campamento.

Buck sauta sauvagement sur lui, le léchant, le mordant et le faisant culbuter.

Buck saltó sobre él salvajemente, lamiéndolo, mordiéndolo y haciéndolo caer.

Il l'a renversé, s'est hissé dessus et l'a embrassé sur le visage.

Lo derribó, se subió encima y le besó la cara.

Thornton appelait cela avec affection « jouer le fou du commun ».

Thornton lo llamó con cariño "hacer el tonto en general".

Pendant tout ce temps, il maudissait doucement Buck et le secouait d'avant en arrière.

Mientras tanto, maldijo a Buck suavemente y lo sacudió de un lado a otro.

Pendant deux jours et deux nuits entières, Buck n'a pas quitté le camp une seule fois.

Durante dos días y dos noches enteras, Buck no abandonó el campamento ni una sola vez.

Il est resté proche de Thornton et ne l'a jamais quitté des yeux.

Se mantuvo cerca de Thornton y nunca lo perdió de vista.

Il le suivait pendant qu'il travaillait et le regardait pendant qu'il mangeait.

Lo siguió mientras trabajaba y lo observó mientras comía.

Il voyait Thornton dans ses couvertures la nuit et dehors chaque matin.

Acompañaba a Thornton con sus mantas por la noche y lo salía cada mañana.

Mais bientôt l'appel de la forêt revint, plus fort que jamais.

Pero pronto el llamado del bosque regresó, más fuerte que nunca.

Buck devint à nouveau agité, agité par les pensées du loup sauvage.
Buck volvió a inquietarse, agitado por los pensamientos del lobo salvaje.
Il se souvenait de la terre ouverte et de la course côte à côte.
Recordó el terreno abierto y correr uno al lado del otro.
Il commença à errer à nouveau dans la forêt, seul et alerte.
Comenzó a vagar por el bosque una vez más, solo y alerta.
Mais le frère sauvage ne revint pas et le hurlement ne fut pas entendu.
Pero el hermano salvaje no regresó y el aullido no se escuchó.
Buck a commencé à dormir dehors, restant absent pendant des jours.
Buck comenzó a dormir a la intemperie, manteniéndose alejado durante días.
Une fois, il traversa la haute ligne de partage des eaux où le ruisseau commençait.
Una vez cruzó la alta divisoria donde había comenzado el arroyo.
Il entra dans le pays des bois sombres et des larges ruisseaux.
Entró en la tierra de la madera oscura y de los arroyos anchos y fluidos.
Pendant une semaine, il a erré, à la recherche de signes de son frère sauvage.
Durante una semana vagó en busca de señales del hermano salvaje.
Il tuait sa propre viande et voyageait à grands pas, sans relâche.
Mataba su propia carne y viajaba con pasos largos e incansables.
Il pêchait le saumon dans une large rivière qui se jetait dans la mer.
Pescaba salmón en un ancho río que llegaba al mar.
Là, il combattit et tua un ours noir rendu fou par les insectes.
Allí luchó y mató a un oso negro enloquecido por los insectos.

L'ours était en train de pêcher et courait aveuglément à travers les arbres.
El oso estaba pescando y corrió ciegamente entre los árboles.
La bataille fut féroce, réveillant le profond esprit combatif de Buck.
La batalla fue feroz y despertó el profundo espíritu de lucha de Buck.
Deux jours plus tard, Buck est revenu et a trouvé des carcajous près de sa proie.
Dos días después, Buck regresó y encontró glotones en su presa.
Une douzaine d'entre eux se disputaient la viande avec une fureur bruyante.
Una docena de ellos se pelearon con furia y ruidosidad por la carne.
Buck chargea et les dispersa comme des feuilles dans le vent.
Buck cargó y los dispersó como hojas en el viento.
Deux loups restèrent derrière, silencieux, sans vie et immobiles pour toujours.
Dos lobos permanecieron atrás, silenciosos, sin vida e inmóviles para siempre.
La soif de sang était plus forte que jamais.
La sed de sangre se hizo más fuerte que nunca.
Buck était un chasseur, un tueur, se nourrissant de créatures vivantes.
Buck era un cazador, un asesino, que se alimentaba de criaturas vivas.
Il a survécu seul, en s'appuyant sur sa force et ses sens aiguisés.
Sobrevivió solo, confiando en su fuerza y sus sentidos agudos.
Il prospérait dans la nature, où seuls les plus résistants pouvaient vivre.
Prosperó en la naturaleza, donde sólo los más resistentes podían vivir.
De là, une grande fierté s'éleva et remplit tout l'être de Buck.

A partir de esto, un gran orgullo surgió y llenó todo el ser de Buck.

Sa fierté se reflétait dans chacun de ses pas, dans le mouvement de chacun de ses muscles.

Su orgullo se reflejaba en cada uno de sus pasos, en el movimiento de cada músculo.

Sa fierté était aussi claire qu'un discours, visible dans la façon dont il se comportait.

Su orgullo era tan claro como sus palabras, y se reflejaba en su manera de comportarse.

Même son épais pelage semblait plus majestueux et brillait davantage.

Incluso su grueso pelaje parecía más majestuoso y brillaba más.

Buck aurait pu être confondu avec un loup géant.

Buck podría haber sido confundido con un lobo gigante.

À l'exception du brun sur son museau et des taches au-dessus de ses yeux.

A excepción del color marrón en el hocico y las manchas sobre los ojos.

Et la traînée de fourrure blanche qui courait au milieu de sa poitrine.

Y la raya blanca de pelo que corría por el centro de su pecho.

Il était encore plus grand que le plus grand loup de cette race féroce.

Era incluso más grande que el lobo más grande de esa feroz raza.

Son père, un Saint-Bernard, lui a donné de la taille et une ossature lourde.

Su padre, un San Bernardo, le dio tamaño y complexión robusta.

Sa mère, une bergère, a façonné cette masse en forme de loup.

Su madre, una pastora, moldeó esa masa hasta darle forma de lobo.

Il avait le long museau d'un loup, bien que plus lourd et plus large.

Tenía el hocico largo de un lobo, aunque más pesado y ancho.
Sa tête était celle d'un loup, mais construite à une échelle massive et majestueuse.
Su cabeza era la de un lobo, pero construida en una escala enorme y majestuosa.
La ruse de Buck était la ruse du loup et de la nature.
La astucia de Buck era la astucia del lobo y de la naturaleza.
Son intelligence lui vient à la fois du berger allemand et du Saint-Bernard.
Su inteligencia provenía tanto del pastor alemán como del san bernardo.
Tout cela, ajouté à une expérience difficile, faisait de lui une créature redoutable.
Todo esto, más la dura experiencia, lo convirtieron en una criatura temible.
Il était aussi redoutable que n'importe quelle bête qui parcourait les régions sauvages du nord.
Era tan formidable como cualquier bestia que vagaba por las tierras salvajes del norte.
Ne se nourrissant que de viande, Buck a atteint le sommet de sa force.
Viviendo sólo de carne, Buck alcanzó el máximo nivel de su fuerza.
Il débordait de puissance et de force masculine dans chaque fibre de son être.
Rebosaba poder y fuerza masculina en cada fibra de él.
Lorsque Thornton lui caressait le dos, ses poils brillaient d'énergie.
Cuando Thornton le acarició la espalda, sus pelos brillaron con energía.
Chaque cheveu crépitait, chargé du contact du magnétisme vivant.
Cada cabello crujió, cargado con el toque de un magnetismo vivo.
Son corps et son cerveau étaient réglés sur le ton le plus fin possible.

Su cuerpo y su cerebro estaban afinados al máximo nivel posible.

Chaque nerf, chaque fibre et chaque muscle fonctionnaient en parfaite harmonie.

Cada nervio, fibra y músculo trabajaba en perfecta armonía.

À tout son ou toute vue nécessitant une action, il répondait instantanément.

Ante cualquier sonido o visión que requiriera acción, él respondía instantáneamente.

Si un husky sautait pour attaquer, Buck pouvait sauter deux fois plus vite.

Si un husky saltaba para atacar, Buck podía saltar el doble de rápido.

Il a réagi plus vite que les autres ne pouvaient le voir ou l'entendre.

Reaccionó más rápido de lo que los demás pudieron verlo o escuchar.

La perception, la décision et l'action se sont produites en un seul instant fluide.

La percepción, la decisión y la acción se produjeron en un momento fluido.

En vérité, ces actes étaient distincts, mais trop rapides pour être remarqués.

En realidad, estos actos fueron separados, pero demasiado rápidos para notarlos.

Les intervalles entre ces actes étaient si brefs qu'ils semblaient n'en faire qu'un.

Los intervalos entre estos actos fueron tan breves que parecían uno solo.

Ses muscles et son être étaient comme des ressorts étroitement enroulés.

Sus músculos y su ser eran como resortes fuertemente enrollados.

Son corps débordait de vie, sauvage et joyeux dans sa puissance.

Su cuerpo rebosaba de vida, salvaje y alegre en su poder.

Parfois, il avait l'impression que la force allait jaillir de lui entièrement.

A veces sentía como si la fuerza fuera a estallar fuera de él por completo.

« Il n'y a jamais eu un tel chien », a déclaré Thornton un jour tranquille.

"Nunca vi un perro así", dijo Thornton un día tranquilo.

Les partenaires regardaient Buck sortir fièrement du camp.

Los socios observaron a Buck alejarse orgullosamente del campamento.

« Lorsqu'il a été créé, il a changé ce que pouvait être un chien », a déclaré Pete.

"Cuando lo crearon, cambió lo que un perro puede ser", dijo Pete.

« Par Jésus ! Je le pense moi-même », acquiesça rapidement Hans.

—¡Por Dios! Yo también lo creo —respondió Hans rápidamente.

Ils l'ont vu s'éloigner, mais pas le changement qui s'est produit après.

Lo vieron marcharse, pero no el cambio que vino después.

Dès qu'il est entré dans les bois, Buck s'est complètement transformé.

Tan pronto como entró en el bosque, Buck se transformó por completo.

Il ne marchait plus, mais se déplaçait comme un fantôme sauvage parmi les arbres.

Ya no marchaba, sino que se movía como un fantasma salvaje entre los árboles.

Il devint silencieux, les pieds comme un chat, une lueur traversant les ombres.

Se quedó en silencio, con pasos de gato, un destello que pasaba entre las sombras.

Il utilisait la couverture avec habileté, rampant sur le ventre comme un serpent.

Utilizó la cubierta con habilidad, arrastrándose sobre su vientre como una serpiente.

Et comme un serpent, il pouvait bondir en avant et frapper en silence.
Y como una serpiente, podía saltar hacia adelante y atacar en silencio.
Il pourrait voler un lagopède directement dans son nid caché.
Podría robar una perdiz nival directamente de su nido escondido.
Il a tué des lapins endormis sans un seul bruit.
Mató conejos dormidos sin hacer un solo sonido.
Il pouvait attraper des tamias en plein vol alors qu'ils fuyaient trop lentement.
Podía atrapar ardillas en el aire cuando huían demasiado lentamente.
Même les poissons dans les bassins ne pouvaient échapper à ses attaques soudaines.
Ni siquiera los peces en los estanques podían escapar de sus ataques repentinos.
Même les castors astucieux qui réparaient les barrages n'étaient pas à l'abri de lui.
Ni siquiera los castores más inteligentes que arreglaban presas estaban a salvo de él.
Il tuait pour se nourrir, pas pour le plaisir, mais il préférait tuer ses propres victimes.
Él mataba por comida, no por diversión, pero prefería matar a sus propias víctimas.
Pourtant, un humour sournois traversait certaines de ses chasses silencieuses.
Aun así, un humor astuto impregnaba algunas de sus cacerías silenciosas.
Il s'est approché des écureuils, mais les a laissés s'échapper.
Se acercó sigilosamente a las ardillas, pero las dejó escapar.
Ils allaient fuir vers les arbres, bavardant dans une rage effrayée.
Iban a huir hacia los árboles, parloteando con terrible indignación.

À l'arrivée de l'automne, les orignaux ont commencé à apparaître en plus grand nombre.
A medida que llegaba el otoño, los alces comenzaron a aparecer en mayor número.
Ils se sont déplacés lentement vers les basses vallées pour affronter l'hiver.
Avanzaron lentamente hacia los valles bajos para encontrarse con el invierno.
Buck avait déjà abattu un jeune veau errant.
Buck ya había derribado a un ternero joven y perdido.
Mais il aspirait à affronter des proies plus grandes et plus dangereuses.
Pero anhelaba enfrentarse a presas más grandes y peligrosas.
Un jour, à la ligne de partage des eaux, à la tête du ruisseau, il trouva sa chance.
Un día, en la divisoria, a la altura del nacimiento del arroyo, encontró su oportunidad.
Un troupeau de vingt orignaux avait traversé des terres boisées.
Una manada de veinte alces había cruzado desde tierras boscosas.
Parmi eux se trouvait un puissant taureau, le chef du groupe.
Entre ellos había un poderoso toro; el líder del grupo.
Le taureau mesurait plus de six pieds de haut et avait l'air féroce et sauvage.
El toro medía más de seis pies de alto y parecía feroz y salvaje.
Il lança ses larges bois, quatorze pointes se ramifiant vers l'extérieur.
Lanzó sus anchas astas, con catorce puntas ramificándose hacia afuera.
Les extrémités de ces bois s'étendaient sur sept pieds de large.
Las puntas de esas astas se extendían siete pies de ancho.
Ses petits yeux brûlaient de rage lorsqu'il aperçut Buck à proximité.
Sus pequeños ojos ardieron de rabia cuando vio a Buck cerca.

Il poussa un rugissement furieux, tremblant de fureur et de douleur.
Soltó un rugido furioso, temblando de furia y dolor.
Une pointe de flèche sortait près de son flanc, empennée et pointue.
Una punta de flecha sobresalía cerca de su flanco, emplumada y afilada.
Cette blessure a contribué à expliquer son humeur sauvage et amère.
Esta herida ayudó a explicar su humor salvaje y amargado.
Buck, guidé par un ancien instinct de chasseur, a fait son mouvement.
Buck, guiado por su antiguo instinto de caza, hizo su movimiento.
Son objectif était de séparer le taureau du reste du troupeau.
Su objetivo era separar al toro del resto de la manada.
Ce n'était pas une tâche facile : il fallait de la rapidité et une ruse féroce.
No fue una tarea fácil: requirió velocidad y una astucia feroz.
Il aboyait et dansait près du taureau, juste hors de portée.
Ladró y bailó cerca del toro, fuera de su alcance.
L'élan s'est précipité avec d'énormes sabots et des bois mortels.
El alce atacó con enormes pezuñas y astas mortales.
Un seul coup aurait pu mettre fin à la vie de Buck en un clin d'œil.
Un golpe podría haber acabado con la vida de Buck en un instante.
Incapable de laisser la menace derrière lui, le taureau devint fou.
Incapaz de dejar atrás la amenaza, el toro se volvió loco.
Il chargea avec fureur, mais Buck s'échappa toujours.
Él cargó con furia, pero Buck siempre se le escapaba.
Buck simula une faiblesse, l'attirant plus loin du troupeau.
Buck fingió debilidad, lo que lo alejó aún más de la manada.
Mais les jeunes taureaux allaient charger pour protéger le leader.

Pero los toros jóvenes estaban a punto de atacar para proteger al líder.

Ils ont forcé Buck à battre en retraite et le taureau à rejoindre le groupe.

Obligaron a Buck a retirarse y al toro a reincorporarse al grupo.

Il y a une patience dans la nature, profonde et imparable.

Hay una paciencia en lo salvaje, profunda e imparable.

Une araignée attend immobile dans sa toile pendant d'innombrables heures.

Una araña espera inmóvil en su red durante incontables horas.

Un serpent s'enroule sans tressaillement et attend que son heure soit venue.

Una serpiente se enrosca sin moverse y espera hasta que llega el momento.

Une panthère se tient en embuscade, jusqu'à ce que le moment arrive.

Una pantera acecha hasta que llega el momento.

C'est la patience des prédateurs qui chassent pour survivre.

Ésta es la paciencia de los depredadores que cazan para sobrevivir.

Cette même patience brûlait à l'intérieur de Buck alors qu'il restait proche.

Esa misma paciencia ardía dentro de Buck mientras se quedaba cerca.

Il resta près du troupeau, ralentissant sa marche et suscitant la peur.

Se quedó cerca de la manada, frenando su marcha y sembrando el miedo.

Il taquinait les jeunes taureaux et harcelait les vaches mères.

Provocaba a los toros jóvenes y acosaba a las vacas madres.

Il a plongé le taureau blessé dans une rage encore plus profonde et impuissante.

Empujó al toro herido hacia una rabia más profunda e impotente.

Pendant une demi-journée, le combat s'est prolongé sans aucun répit.

Durante medio día, la lucha se prolongó sin descanso alguno.
Buck attaquait sous tous les angles, rapide et féroce comme le vent.
Buck atacó desde todos los ángulos, rápido y feroz como el viento.
Il a empêché le taureau de se reposer ou de se cacher avec son troupeau.
Impidió que el toro descansara o se escondiera con su manada.
Le cerf a épuisé la volonté de l'élan plus vite que son corps.
Buck desgastó la voluntad del alce más rápido que su cuerpo.
La journée passa et le soleil se coucha bas dans le ciel du nord-ouest.
El día transcurrió y el sol se hundió en el cielo del noroeste.
Les jeunes taureaux revinrent plus lentement pour aider leur chef.
Los toros jóvenes regresaron más lentamente para ayudar a su líder.
Les nuits d'automne étaient revenues et l'obscurité durait désormais six heures.
Las noches de otoño habían regresado y la oscuridad ahora duraba seis horas.
L'hiver les poussait vers des vallées plus sûres et plus chaudes.
El invierno los estaba empujando cuesta abajo hacia valles más seguros y cálidos.
Mais ils ne pouvaient toujours pas échapper au chasseur qui les retenait.
Pero aún así no pudieron escapar del cazador que los retenía.
Une seule vie était en jeu : pas celle du troupeau, mais celle de leur chef.
Sólo una vida estaba en juego: no la de la manada, sino la de su líder.
Cela rendait la menace lointaine et non leur préoccupation urgente.
Eso hizo que la amenaza fuera distante y no su preocupación urgente.

Au fil du temps, ils ont accepté ce prix et ont laissé Buck prendre le vieux taureau.
Con el tiempo, aceptaron ese coste y dejaron que Buck se llevara al viejo toro.
Alors que le crépuscule s'installait, le vieux taureau se tenait debout, la tête baissée.
Al caer la tarde, el viejo toro permanecía con la cabeza gacha.
Il regarda le troupeau qu'il avait conduit disparaître dans la lumière déclinante.
Observó cómo la manada que había guiado se desvanecía en la luz que se desvanecía.
Il y avait des vaches qu'il avait connues, des veaux qu'il avait autrefois engendrés.
Había vacas que había conocido, terneros que una vez había engendrado.
Il y avait des taureaux plus jeunes qu'il avait combattus et dominés au cours des saisons précédentes.
Había toros más jóvenes con los que había luchado y gobernado en temporadas pasadas.
Il ne pouvait pas les suivre, car Buck était à nouveau accroupi devant lui.
No pudo seguirlos, pues frente a él estaba agazapado nuevamente Buck.
La terreur impitoyable aux crocs bloquait tous les chemins qu'il pouvait emprunter.
El terror despiadado con colmillos bloqueó cualquier camino que pudiera tomar.
Le taureau pesait plus de trois cents livres de puissance dense.
El toro pesaba más de trescientos kilos de densa potencia.
Il avait vécu longtemps et s'était battu avec acharnement dans un monde de luttes.
Había vivido mucho tiempo y luchado con ahínco en un mundo de luchas.
Mais maintenant, à la fin, la mort venait d'une bête bien en dessous de lui.

Pero ahora, al final, la muerte vino de una bestia muy inferior a él.
La tête de Buck n'atteignait même pas les énormes genoux noueux du taureau.
La cabeza de Buck ni siquiera llegó a alcanzar las enormes rodillas del toro.
À partir de ce moment, Buck resta avec le taureau nuit et jour.
A partir de ese momento, Buck permaneció con el toro noche y día.
Il ne lui a jamais laissé de repos, ne lui a jamais permis de brouter ou de boire.
Nunca le dio descanso, nunca le permitió pastar ni beber.
Le taureau a essayé de manger de jeunes pousses de bouleau et des feuilles de saule.
El toro intentó comer brotes tiernos de abedul y hojas de sauce.
Mais Buck le repoussa, toujours alerte et toujours attaquant.
Pero Buck lo ahuyentó, siempre alerta y siempre atacando.
Même dans les ruisseaux qui ruisselaient, Buck bloquait toute tentative assoiffée.
Incluso ante arroyos que goteaban, Buck bloqueó cada intento de sed.
Parfois, par désespoir, le taureau s'enfuyait à toute vitesse.
A veces, desesperado, el toro huía a toda velocidad.
Buck le laissa courir, galopant calmement juste derrière, jamais très loin.
Buck lo dejó correr, trotando tranquilamente detrás, nunca muy lejos.
Lorsque l'élan s'arrêta, Buck s'allongea, mais resta prêt.
Cuando el alce se detuvo, Buck se acostó, pero se mantuvo listo.
Si le taureau essayait de manger ou de boire, Buck frappait avec une fureur totale.
Si el toro intentaba comer o beber, Buck atacaba con toda furia.
La grosse tête du taureau s'affaissait sous ses vastes bois.

La gran cabeza del toro se hundió aún más bajo sus enormes astas.

Son rythme ralentit, le trot devint lourd, une marche trébuchante.

Su paso se hizo más lento, el trote se hizo pesado, un paso tambaleante.

Il restait souvent immobile, les oreilles tombantes et le nez au sol.

A menudo se quedaba quieto con las orejas caídas y la nariz pegada al suelo.

Pendant ces moments-là, Buck prenait le temps de boire et de se reposer.

Durante esos momentos, Buck se tomó tiempo para beber y descansar.

La langue tirée, les yeux fixés, Buck sentait que la terre était en train de changer.

Con la lengua afuera y los ojos fijos, Buck sintió que la tierra estaba cambiando.

Il sentit quelque chose de nouveau se déplacer dans la forêt et dans le ciel.

Sintió algo nuevo moviéndose a través del bosque y el cielo.

Avec le retour des orignaux, d'autres créatures sauvages ont fait de même.

A medida que los alces regresaban, también lo hacían otras criaturas salvajes.

La terre semblait vivante, avec une présence invisible mais fortement connue.

La tierra se sentía viva, con presencia, invisible pero fuertemente conocida.

Ce n'était ni par l'ouïe, ni par la vue, ni par l'odorat que Buck le savait.

No fue por el sonido, ni por la vista, ni por el olfato que Buck supo esto.

Un sentiment plus profond lui disait que de nouvelles forces étaient en mouvement.

Un sentimiento más profundo le decía que nuevas fuerzas estaban en movimiento.

Une vie étrange s'agitait dans les bois et le long des ruisseaux.
Una vida extraña se agitaba en los bosques y a lo largo de los arroyos.
Il a décidé d'explorer cet esprit, une fois la chasse terminée.
Decidió explorar este espíritu, después de que la caza se completara.
Le quatrième jour, Buck a finalement abattu l'élan.
Al cuarto día, Buck finalmente logró derribar al alce.
Il est resté près de la proie pendant une journée et une nuit entières, se nourrissant et se reposant.
Se quedó junto a la presa durante un día y una noche enteros, alimentándose y descansando.
Il mangea, puis dormit, puis mangea à nouveau, jusqu'à ce qu'il soit fort et rassasié.
Comió, luego durmió, luego volvió a comer, hasta que estuvo fuerte y lleno.
Lorsqu'il fut prêt, il retourna vers le camp et Thornton.
Cuando estuvo listo, regresó hacia el campamento y Thornton.
D'un pas régulier, il commença le long voyage de retour vers la maison.
Con ritmo constante, inició el largo viaje de regreso a casa.
Il courait d'un pas infatigable, heure après heure, sans jamais s'égarer.
Corría con su incansable galope, hora tras hora, sin desviarse jamás.
À travers des terres inconnues, il se déplaçait droit comme l'aiguille d'une boussole.
A través de tierras desconocidas, se movió recto como la aguja de una brújula.
Son sens de l'orientation faisait paraître l'homme et la carte faibles en comparaison.
Su sentido de la orientación hacía que el hombre y el mapa parecieran débiles en comparación.
Tandis que Buck courait, il sentait plus fortement l'agitation dans la terre sauvage.

A medida que Buck corría, sentía con más fuerza la agitación en la tierra salvaje.

C'était un nouveau genre de vie, différent de celui des mois calmes de l'été.

Era un nuevo tipo de vida, diferente a la de los tranquilos meses de verano.

Ce sentiment n'était plus un message subtil ou distant.

Este sentimiento ya no llegaba como un mensaje sutil o distante.

Maintenant, les oiseaux parlaient de cette vie et les écureuils en bavardaient.

Ahora los pájaros hablaban de esta vida y las ardillas parloteaban sobre ella.

Même la brise murmurait des avertissements à travers les arbres silencieux.

Incluso la brisa susurraba advertencias a través de los árboles silenciosos.

Il s'arrêta à plusieurs reprises et respira l'air frais du matin.

Varias veces se detuvo y olió el aire fresco de la mañana.

Il y lut un message qui le fit bondir plus vite en avant.

Allí leyó un mensaje que le hizo avanzar más rápido.

Un lourd sentiment de danger l'envahit, comme si quelque chose s'était mal passé.

Una fuerte sensación de peligro lo llenó, como si algo hubiera salido mal.

Il craignait qu'une catastrophe ne se produise – ou ne soit déjà arrivée.

Temía que se avecinara una calamidad, o que ya hubiera ocurrido.

Il franchit la dernière crête et entra dans la vallée en contrebas.

Cruzó la última cresta y entró en el valle de abajo.

Il se déplaçait plus lentement, alerte et prudent à chaque pas.

Se movió más lentamente, alerta y cauteloso con cada paso.

À trois milles de là, il trouva une piste fraîche qui le fit se raidir.

A tres millas de distancia encontró un nuevo rastro que lo hizo ponerse rígido.
Les cheveux le long de son cou ondulaient et se hérissaient d'alarme.
El cabello de su cuello se onduló y se erizó en señal de alarma.
Le sentier menait directement au camp où Thornton attendait.
El sendero conducía directamente al campamento donde Thornton esperaba.
Buck se déplaçait désormais plus rapidement, sa foulée à la fois silencieuse et rapide.
Buck se movió más rápido ahora, su paso era silencioso y rápido.
Ses nerfs se sont resserrés lorsqu'il a lu des signes que d'autres allaient manquer.
Sus nervios se tensaron al leer señales que otros no verían.
Chaque détail du sentier racontait une histoire, sauf le dernier morceau.
Cada detalle del recorrido contaba una historia, excepto la pieza final.
Son nez lui parlait de la vie qui s'était déroulée ici.
Su nariz le contaba sobre la vida que había transcurrido por allí.
L'odeur lui donnait une image changeante alors qu'il le suivait de près.
El olor le dio una imagen cambiante mientras lo seguía de cerca.
Mais la forêt elle-même était devenue silencieuse, anormalement immobile.
Pero el bosque mismo había quedado en silencio; anormalmente quieto.
Les oiseaux avaient disparu, les écureuils étaient cachés, silencieux et immobiles.
Los pájaros habían desaparecido, las ardillas estaban escondidas, silenciosas y quietas.
Il n'a vu qu'un seul écureuil gris, allongé sur un arbre mort.
Sólo vio una ardilla gris, tumbada sobre un árbol muerto.

L'écureuil se fondait dans la masse, raide et immobile comme une partie de la forêt.

La ardilla se mimetizó, rígida e inmóvil como una parte del bosque.

Buck se déplaçait comme une ombre, silencieux et sûr à travers les arbres.

Buck se movía como una sombra, silencioso y seguro entre los árboles.

Son nez se souleva sur le côté comme s'il était tiré par une main invisible.

Su nariz se movió hacia un lado como si una mano invisible la tirara.

Il se retourna et suivit la nouvelle odeur jusqu'au plus profond d'un fourré.

Se giró y siguió el nuevo olor hasta lo profundo de un matorral.

Là, il trouva Nig, étendu mort, transpercé par une flèche.

Allí encontró a Nig, que yacía muerto, atravesado por una flecha.

La flèche traversa son corps, laissant encore apparaître ses plumes.

La flecha atravesó su cuerpo y aún se le veían las plumas.

Nig s'était traîné jusqu'ici, mais il était mort avant d'avoir pu obtenir de l'aide.

Nig se arrastró hasta allí, pero murió antes de llegar para recibir ayuda.

Une centaine de mètres plus loin, Buck trouva un autre chien de traîneau.

Cien metros más adelante, Buck encontró otro perro de trineo.

C'était un chien que Thornton avait racheté à Dawson City.

Era un perro que Thornton había comprado en Dawson City.

Le chien était en proie à une lutte à mort, se débattant violemment sur le sentier.

El perro se encontraba en una lucha a muerte, agitándose con fuerza en el camino.

Buck le contourna sans s'arrêter, les yeux fixés devant lui.

Buck pasó a su alrededor, sin detenerse, con los ojos fijos hacia adelante.
Du côté du camp venait un chant lointain et rythmé.
Desde la dirección del campamento llegaba un canto distante y rítmico.
Les voix s'élevaient et retombaient sur un ton étrange, inquiétant et chantant.
Las voces subían y bajaban en un tono extraño, inquietante y cantarín.
Buck rampa jusqu'au bord de la clairière en silence.
Buck se arrastró hacia el borde del claro en silencio.
Là, il vit Hans étendu face contre terre, percé de nombreuses flèches.
Allí vio a Hans tendido boca abajo, atravesado por muchas flechas.
Son corps ressemblait à celui d'un porc-épic, hérissé de plumes.
Su cuerpo parecía el de un puercoespín, erizado de plumas.
Au même moment, Buck regarda vers le pavillon en ruine.
En ese mismo momento, Buck miró hacia la cabaña en ruinas.
Cette vue lui fit dresser les cheveux sur la nuque et les épaules.
La visión hizo que se le erizara el pelo de la nuca y de los hombros.
Une tempête de rage sauvage parcourut tout le corps de Buck.
Una tormenta de furia salvaje recorrió todo el cuerpo de Buck.
Il grogna à haute voix, même s'il ne savait pas qu'il l'avait fait.
Gruñó en voz alta, aunque no sabía que lo había hecho.
Le son était brut, rempli d'une fureur terrifiante et sauvage.
El sonido era crudo, lleno de furia aterradora y salvaje.
Pour la dernière fois de sa vie, Buck a perdu la raison au profit de l'émotion.
Por última vez en su vida, Buck perdió la razón ante la emoción.

C'est l'amour pour John Thornton qui a brisé son contrôle minutieux.
Fue el amor por John Thornton lo que rompió su cuidadoso control.
Les Yeehats dansaient autour de la hutte en épicéa détruite.
Los Yeehats estaban bailando alrededor de la cabaña de abetos en ruinas.
Puis un rugissement retentit et une bête inconnue chargea vers eux.
Entonces se escuchó un rugido y una bestia desconocida cargó hacia ellos.
C'était Buck ; une fureur en mouvement ; une tempête vivante de vengeance.
Era Buck; una furia en movimiento; una tormenta viviente de venganza.
Il se jeta au milieu d'eux, fou du besoin de tuer.
Se arrojó en medio de ellos, loco por la necesidad de matar.
Il sauta sur le premier homme, le chef Yeehat, et frappa juste.
Saltó hacia el primer hombre, el jefe Yeehat, y acertó.
Sa gorge fut déchirée et du sang jaillit à flots.
Su garganta fue desgarrada y la sangre brotó a chorros.
Buck ne s'arrêta pas, mais déchira la gorge de l'homme suivant d'un seul bond.
Buck no se detuvo, sino que desgarró la garganta del siguiente hombre de un salto.
Il était inarrêtable : il déchirait, taillait, ne s'arrêtait jamais pour se reposer.
Era imparable: desgarraba, cortaba y nunca se detenía a descansar.
Il s'élança et bondit si vite que leurs flèches ne purent l'atteindre.
Se lanzó y saltó tan rápido que sus flechas no pudieron tocarlo.
Les Yeehats étaient pris dans leur propre panique et confusion.

Los Yeehats estaban atrapados en su propio pánico y confusión.
Leurs flèches manquèrent Buck et se frappèrent l'une l'autre à la place.
Sus flechas no alcanzaron a Buck y se alcanzaron entre sí.
Un jeune homme a lancé une lance sur Buck et a touché un autre homme.
Un joven le lanzó una lanza a Buck y golpeó a otro hombre.
La lance lui transperça la poitrine, la pointe lui transperçant le dos.
La lanza le atravesó el pecho y la punta le atravesó la espalda.
La terreur s'empara des Yeehats et ils se mirent en retraite.
El terror se apoderó de los Yeehats y se retiraron por completo.
Ils crièrent à l'Esprit Maléfique et s'enfuirent dans les ombres de la forêt.
Gritaron al Espíritu Maligno y huyeron hacia las sombras del bosque.
Vraiment, Buck était comme un démon alors qu'il poursuivait les Yeehats.
En verdad, Buck era como un demonio mientras perseguía a los Yeehats.
Il les poursuivit à travers la forêt, les faisant tomber comme des cerfs.
Él los persiguió a través del bosque, derribándolos como si fueran ciervos.
Ce fut un jour de destin et de terreur pour les Yeehats effrayés.
Se convirtió en un día de destino y terror para los asustados Yeehats.
Ils se dispersèrent à travers le pays, fuyant au loin dans toutes les directions.
Se dispersaron por toda la tierra, huyendo lejos en todas direcciones.
Une semaine entière s'est écoulée avant que les derniers survivants ne se retrouvent dans une vallée.

Pasó una semana entera antes de que los últimos supervivientes se reunieran en un valle.
Ce n'est qu'alors qu'ils ont compté leurs pertes et parlé de ce qui s'était passé.
Sólo entonces contaron sus pérdidas y hablaron de lo sucedido.
Buck, après s'être lassé de la chasse, retourna au camp en ruine.
Buck, después de cansarse de la persecución, regresó al campamento en ruinas.
Il a trouvé Pete, toujours dans ses couvertures, tué lors de la première attaque.
Encontró a Pete, todavía en sus mantas, muerto en el primer ataque.
Les signes du dernier combat de Thornton étaient marqués dans la terre à proximité.
Las señales de la última lucha de Thornton estaban marcadas en la tierra cercana.
Buck a suivi chaque trace, reniflant chaque marque jusqu'à un point final.
Buck siguió cada rastro, olfateando cada marca hasta un punto final.
Au bord d'un bassin profond, il trouva le fidèle Skeet, allongé immobile.
En el borde de un estanque profundo, encontró al fiel Skeet, tumbado inmóvil.
La tête et les pattes avant de Skeet étaient dans l'eau, immobiles dans la mort.
La cabeza y las patas delanteras de Skeet estaban en el agua, inmóviles por la muerte.
La piscine était boueuse et contaminée par les eaux de ruissellement provenant des écluses.
La piscina estaba fangosa y contaminada por el agua que salía de las compuertas.
Sa surface nuageuse cachait ce qui se trouvait en dessous, mais Buck connaissait la vérité.

Su superficie nublada ocultaba lo que había debajo, pero Buck sabía la verdad.

Il a suivi l'odeur de Thornton dans la piscine, mais l'odeur ne menait nulle part ailleurs.

Siguió el rastro del olor de Thornton hasta la piscina, pero el olor no lo condujo a ningún otro lugar.

Aucune odeur ne menait à l'extérieur, seulement le silence des eaux profondes.

No había ningún olor que indicara que salía, solo el silencio de las aguas profundas.

Toute la journée, Buck resta près de la piscine, arpentant le camp avec chagrin.

Buck permaneció todo el día cerca de la piscina, paseando de un lado a otro del campamento con tristeza.

Il errait sans cesse ou restait assis, immobile, perdu dans ses pensées.

Vagaba inquieto o permanecía sentado en silencio, perdido en pesados pensamientos.

Il connaissait la mort, la fin de la vie, la disparition de tout mouvement.

Él conocía la muerte; el fin de la vida; la desaparición de todo movimiento.

Il comprit que John Thornton était parti et ne reviendrait jamais.

Comprendió que John Thornton se había ido y que nunca regresaría.

La perte a laissé en lui un vide qui palpitait comme la faim.

La pérdida dejó en él un vacío que palpitaba como el hambre.

Mais c'était une faim que la nourriture ne pouvait apaiser, peu importe la quantité qu'il mangeait.

Pero ésta era un hambre que la comida no podía calmar, por mucho que comiera.

Parfois, alors qu'il regardait les Yeehats morts, la douleur s'estompait.

A veces, mientras miraba a los Yeehats muertos, el dolor se desvanecía.

Et puis une étrange fierté monta en lui, féroce et complète.

Y entonces un orgullo extraño surgió dentro de él, feroz y completo.

Il avait tué l'homme, le gibier le plus élevé et le plus dangereux de tous.

Había matado al hombre, la presa más alta y peligrosa de todas.

Il avait tué au mépris de l'ancienne loi du gourdin et des crocs.

Había matado desafiando la antigua ley del garrote y el colmillo.

Buck renifla leurs corps sans vie, curieux et pensif.

Buck olió sus cuerpos sin vida, curioso y pensativo.

Ils étaient morts si facilement, bien plus facilement qu'un husky dans un combat.

Habían muerto con tanta facilidad, mucho más fácil que un husky en una pelea.

Sans leurs armes, ils n'avaient aucune véritable force ni menace.

Sin sus armas, no tenían verdadera fuerza ni representaban una amenaza.

Buck n'aurait plus jamais peur d'eux, à moins qu'ils ne soient armés.

Buck nunca volvería a temerles, a menos que estuvieran armados.

Ce n'est que lorsqu'ils portaient des gourdins, des lances ou des flèches qu'il se méfiait.

Sólo tenía cuidado cuando llevaban garrotes, lanzas o flechas.

La nuit tomba et une pleine lune se leva au-dessus de la cime des arbres.

Cayó la noche y la luna llena se elevó por encima de las copas de los árboles.

La pâle lumière de la lune baignait la terre d'une douce lueur fantomatique, comme le jour.

La pálida luz de la luna bañaba la tierra con un resplandor suave y fantasmal, como el del día.

Alors que la nuit s'approfondissait, Buck pleurait toujours au bord de la piscine silencieuse.
A medida que la noche avanzaba, Buck seguía de luto junto al estanque silencioso.
Puis il prit conscience d'un autre mouvement dans la forêt.
Entonces se dio cuenta de que había un movimiento diferente en el bosque.
L'agitation ne venait pas des Yeehats, mais de quelque chose de plus ancien et de plus profond.
El movimiento no provenía de los Yeehats, sino de algo más antiguo y más profundo.
Il se leva, les oreilles dressées, le nez testant la brise avec précaution.
Se puso de pie, con las orejas levantadas y la nariz palpando la brisa con cuidado.
De loin, un cri faible et aigu perça le silence.
Desde lejos llegó un grito débil y agudo que rompió el silencio.
Puis un chœur de cris similaires suivit de près le premier.
Luego, un coro de gritos similares siguió de cerca al primero.
Le bruit se rapprochait, devenant plus fort à chaque instant qui passait.
El sonido se acercaba cada vez más y se hacía más fuerte a cada momento que pasaba.
Buck connaissait ce cri : il venait de cet autre monde dans sa mémoire.
Buck conocía ese grito: venía de ese otro mundo en su memoria.
Il se dirigea vers le centre de l'espace ouvert et écouta attentivement.
Caminó hasta el centro del espacio abierto y escuchó atentamente.
L'appel retentit, multiple et plus puissant que jamais.
El llamado resonó, múltiple y más poderoso que nunca.
Et maintenant, plus que jamais, Buck était prêt à répondre à son appel.

Y ahora, más que nunca, Buck estaba listo para responder a su llamado.

John Thornton était mort et il ne lui restait plus aucun lien avec l'homme.

John Thornton había muerto y ya no tenía ningún vínculo con el hombre.

L'homme et toutes ses prétentions avaient disparu : il était enfin libre.

El hombre y todos sus derechos humanos habían desaparecido: él era libre por fin.

La meute de loups chassait de la viande comme les Yeehats l'avaient fait autrefois.

La manada de lobos estaba persiguiendo carne como lo hicieron alguna vez los Yeehats.

Ils avaient suivi les orignaux depuis les terres boisées.

Habían seguido a los alces desde las tierras boscosas.

Maintenant, sauvages et affamés de proies, ils traversèrent sa vallée.

Ahora, salvajes y hambrientos de presa, cruzaron hacia su valle.

Ils arrivèrent dans la clairière éclairée par la lune, coulant comme de l'eau argentée.

Llegaron al claro iluminado por la luna, fluyendo como agua plateada.

Buck se tenait immobile au centre, les attendant.

Buck permaneció quieto en el centro, inmóvil y esperándolos.

Sa présence calme et imposante a stupéfié la meute et l'a plongée dans un bref silence.

Su tranquila y gran presencia dejó a la manada en un breve silencio.

Alors le loup le plus audacieux sauta droit sur lui sans hésitation.

Entonces el lobo más atrevido saltó hacia él sin dudarlo.

Buck frappa vite et brisa le cou du loup d'un seul coup.

Buck atacó rápidamente y rompió el cuello del lobo de un solo golpe.

Il resta immobile à nouveau tandis que le loup mourant se tordait derrière lui.
Se quedó inmóvil nuevamente mientras el lobo moribundo se retorcía detrás de él.
Trois autres loups ont attaqué rapidement, l'un après l'autre.
Tres lobos más atacaron rápidamente, uno tras otro.
Chacun d'eux s'est retiré en sang, la gorge ou les épaules tranchées.
Todos retrocedieron sangrando, con la garganta o los hombros destrozados.
Cela a suffi à déclencher une charge sauvage de toute la meute.
Eso fue suficiente para que toda la manada se lanzara a una carga salvaje.
Ils se précipitèrent ensemble, trop impatients et trop nombreux pour bien frapper.
Se precipitaron juntos, demasiado ansiosos y apiñados para golpear bien.
La vitesse et l'habileté de Buck lui ont permis de rester en tête de l'attaque.
La velocidad y habilidad de Buck le permitieron mantenerse por delante del ataque.
Il tournait sur ses pattes arrière, claquant et frappant dans toutes les directions.
Giró sobre sus patas traseras, chasqueando y golpeando en todas direcciones.
Pour les loups, cela donnait l'impression que sa défense ne s'était jamais ouverte ou n'avait jamais faibli.
Para los lobos, esto parecía como si su defensa nunca se abriera ni flaqueara.
Il s'est retourné et a frappé si vite qu'ils ne pouvaient pas passer derrière lui.
Se giró y atacó tan rápido que no pudieron alcanzarlo.
Néanmoins, leur nombre l'obligea à céder du terrain et à reculer.
Sin embargo, su número le obligó a ceder terreno y retroceder.

Il passa devant la piscine et descendit dans le lit rocheux du ruisseau.
Pasó junto a la piscina y bajó al lecho rocoso del arroyo.
Là, il se heurta à un talus abrupt de gravier et de terre.
Allí se topó con un empinado banco de grava y tierra.
Il s'est retrouvé coincé dans un coin coupé lors des fouilles des mineurs.
Se metió en un rincón cortado durante la antigua excavación de los mineros.
Désormais protégé sur trois côtés, Buck ne faisait face qu'au loup de devant.
Ahora, protegido por tres lados, Buck se enfrentaba únicamente al lobo frontal.
Là, il se tenait à distance, prêt pour la prochaine vague d'assaut.
Allí se mantuvo a raya, listo para la siguiente ola de asalto.
Buck a tenu bon si farouchement que les loups ont reculé.
Buck se mantuvo firme con tanta fiereza que los lobos retrocedieron.
Au bout d'une demi-heure, ils étaient épuisés et visiblement vaincus.
Después de media hora, estaban agotados y visiblemente derrotados.
Leurs langues pendaient, leurs crocs blancs brillaient au clair de lune.
Sus lenguas colgaban y sus colmillos blancos brillaban a la luz de la luna.
Certains loups se sont couchés, la tête levée, les oreilles dressées vers Buck.
Algunos lobos se tumbaron, con la cabeza levantada y las orejas apuntando hacia Buck.
D'autres restaient immobiles, vigilants et observant chacun de ses mouvements.
Otros permanecieron inmóviles, alertas y observando cada uno de sus movimientos.
Quelques-uns se sont dirigés vers la piscine et ont bu de l'eau froide.

Algunos se acercaron a la piscina y bebieron agua fría.
Puis un loup gris, long et maigre, s'avança doucement.
Entonces un lobo gris, largo y delgado, se acercó sigilosamente.
Buck le reconnut : c'était le frère sauvage de tout à l'heure.
Buck lo reconoció: era el hermano salvaje de antes.
Le loup gris gémit doucement, et Buck répondit par un gémissement.
El lobo gris gimió suavemente y Buck respondió con un gemido.
Ils se touchèrent le nez, tranquillement et sans menace ni peur.
Se tocaron las narices, en silencio y sin amenaza ni miedo.
Ensuite est arrivé un loup plus âgé, maigre et marqué par de nombreuses batailles.
Luego vino un lobo más viejo, demacrado y lleno de cicatrices por muchas batallas.
Buck commença à grogner, mais s'arrêta et renifla le nez du vieux loup.
Buck empezó a gruñir, pero se detuvo y olió la nariz del viejo lobo.
Le vieux s'assit, leva le nez et hurla à la lune.
El viejo se sentó, levantó la nariz y aulló a la luna.
Le reste de la meute s'assit et se joignit au long hurlement.
El resto de la manada se sentó y se unió al largo aullido.
Et maintenant, l'appel est venu à Buck, indubitable et fort.
Y ahora el llamado llegó a Buck, inconfundible y fuerte.
Il s'assit, leva la tête et hurla avec les autres.
Se sentó, levantó la cabeza y aulló con los demás.
Lorsque les hurlements ont cessé, Buck est sorti de son abri rocheux.
Cuando terminaron los aullidos, Buck salió de su refugio rocoso.
La meute se referma autour de lui, reniflant à la fois gentiment et avec prudence.
La manada se cerró a su alrededor, olfateando con amabilidad y cautela.

Les chefs ont alors poussé un cri et se sont précipités dans la forêt.
Entonces los líderes dieron un grito y salieron corriendo hacia el bosque.
Les autres loups suivirent, hurlant en chœur, sauvages et rapides dans la nuit.
Los demás lobos los siguieron, aullando a coro, salvajes y rápidos en la noche.
Buck courait avec eux, à côté de son frère sauvage, hurlant en courant.
Buck corrió con ellos, al lado de su hermano salvaje, aullando mientras corría.

Ici, l'histoire de Buck fait bien de se terminer.
Aquí la historia de Buck llega bien a su fin.
Dans les années qui suivirent, les Yeehats remarquèrent d'étranges loups.
En los años siguientes, los Yeehat notaron lobos extraños.
Certains avaient du brun sur la tête et le museau, du blanc sur la poitrine.
Algunos tenían la cabeza y el hocico de color marrón y el pecho de color blanco.
Mais plus encore, ils craignaient une silhouette fantomatique parmi les loups.
Pero aún más temían una figura fantasmal entre los lobos.
Ils parlaient à voix basse du Chien Fantôme, chef de la meute.
Hablaban en susurros del Perro Fantasma, líder de la manada.
Ce chien fantôme était plus rusé que le plus audacieux des chasseurs Yeehat.
Este perro fantasma tenía más astucia que el cazador Yeehat más audaz.
Le chien fantôme a volé dans les camps en plein hiver et a déchiré leurs pièges.
El perro fantasma robó de los campamentos en pleno invierno y destrozó sus trampas.

Le chien fantôme a tué leurs chiens et a échappé à leurs flèches sans laisser de trace.
El perro fantasma mató a sus perros y escapó de sus flechas sin dejar rastro.
Même leurs guerriers les plus courageux craignaient d'affronter cet esprit sauvage.
Incluso sus guerreros más valientes temían enfrentarse a este espíritu salvaje.
Non, l'histoire devient encore plus sombre à mesure que les années passent dans la nature.
No, la historia se vuelve aún más oscura a medida que pasan los años en la naturaleza.
Certains chasseurs disparaissent et ne reviennent jamais dans leurs camps éloignés.
Algunos cazadores desaparecen y nunca regresan a sus campamentos distantes.
D'autres sont retrouvés la gorge arrachée, tués dans la neige.
Otros aparecen con la garganta abierta, muertos en la nieve.
Autour de leur corps se trouvent des traces plus grandes que celles que n'importe quel loup pourrait laisser.
Alrededor de sus cuerpos hay huellas más grandes que las que cualquier lobo podría dejar.
Chaque automne, les Yeehats suivent la piste de l'élan.
Cada otoño, los Yeehats siguen el rastro del alce.
Mais ils évitent une vallée avec la peur profondément gravée dans leur cœur.
Pero evitan un valle con el miedo grabado en lo profundo de sus corazones.
Ils disent que la vallée a été choisie par l'Esprit du Mal pour y vivre.
Dicen que el valle fue elegido por el Espíritu Maligno para vivir.
Et quand l'histoire est racontée, certaines femmes pleurent près du feu.
Y cuando se cuenta la historia, algunas mujeres lloran junto al fuego.

Mais en été, un visiteur vient dans cette vallée tranquille et sacrée.
Pero en verano, un visitante llega a ese tranquilo valle sagrado.
Les Yeehats ne le connaissent pas et ne peuvent pas le comprendre.
Los Yeehats no saben de él, ni tampoco pueden entenderlo.
Le loup est un grand loup, revêtu de gloire, comme aucun autre de son espèce.
El lobo es grande, revestido de gloria, como ningún otro de su especie.
Lui seul traverse le bois vert et entre dans la clairière de la forêt.
Él solo cruza el bosque verde y entra en el claro.
Là, la poussière dorée des sacs en peau d'élan s'infiltre dans le sol.
Allí, el polvo dorado de los sacos de piel de alce se filtra en el suelo.
L'herbe et les vieilles feuilles ont caché le jaune du soleil.
La hierba y las hojas viejas han ocultado el amarillo al sol.
Ici, le loup se tient en silence, réfléchissant et se souvenant.
Aquí, el lobo permanece en silencio, pensando y recordando.
Il hurle une fois, longuement et tristement, avant de se retourner pour partir.
Aúlla una vez, largo y triste, antes de darse la vuelta para irse.
Mais il n'est pas toujours seul au pays du froid et de la neige.
Pero no siempre está solo en la tierra del frío y la nieve.
Quand les longues nuits d'hiver descendent sur les basses vallées.
Cuando las largas noches de invierno descienden sobre los valles inferiores.
Quand les loups suivent le gibier à travers le clair de lune et le gel.
Cuando los lobos persiguen a la presa a través de la luz de la luna y las heladas.
Puis il court en tête du peloton, sautant haut et sauvagement.

Luego corre a la cabeza del grupo, saltando alto y salvajemente.
Sa silhouette domine les autres, sa gorge est animée par le chant.
Su figura se eleva sobre las demás y su garganta está llena de canciones.
C'est le chant du monde plus jeune, la voix de la meute.
Es la canción del mundo más joven, la voz de la manada.
Il chante en courant, fort, libre et toujours sauvage.
Canta mientras corre: fuerte, libre y eternamente salvaje.

www.ingramcontent.com/pod-product-compliance
Lightning Source LLC
Chambersburg PA
CBHW010030040426
42333CB00048B/2773